本書爲二〇一七—二〇一九年中國文化遺産研究院科研課題「院藏清陳介祺金石學資料整理研究」（課題編號2017-JBKY-13）成果之一

古文字與中華文明傳承發展工程

本書得到國家「古文字與中華文明傳承發展工程」支持

商周彝器文字拓

赫俊紅 主編

中華書局

国家出版基金项目
NATIONAL PUBLICATION FOUNDATION

圖書在版編目(CIP)數據

陳介祺拓本集．商周彝器文字拓 / 赫俊紅主編．
－北京：中華書局，2024.12
（陳介祺手稿拓本合集）
ISBN 978-7-101-16493-0

Ⅰ．陳… Ⅱ．赫… Ⅲ．青銅器（考古）－金文－
拓本－中國－商周時代－圖集 Ⅳ．K87

中國國家版本館 CIP 數據核字 (2023) 第 241347 號

書　　名	陳介祺拓本集・商周彝器文字拓
叢 書 名	陳介祺手稿拓本合集
主　　編	赫俊紅
責任編輯	許旭虹　吴麒麟
裝幀設計	許麗娟
責任印製	陳麗娜
出版發行	中華書局
	（北京市豐臺區太平橋西里38號 100073）
	http: // www. zhbc. com. cn
	E-mail: zhbc@zhbc. com. cn
印　　刷	北京雅昌藝術印刷有限公司
版　　次	2024年12月北京第1版
	2024年12月北京第1次印刷
規　　格	開本889×1194毫米　1/8
	印張38
國際書號	ISBN 978-7-101-16493-0
定　　價	820.00元

緒言　清代陳介祺的金石鑒藏與傳拓

陳介祺（一八一三—一八八四，字壽卿，號簠齋）二十歲左右開啓了他的金石人生，五十餘載傾心致力於金石古器的鑒藏考釋和傳拓賡續，其成就可謂傳統金石學發展歷程上的一座豐碑。

簠齋在清咸豐四年（一八五四）引退歸里山東濰縣之前，所收藏的吉金、古璽印及金文拓本已初具規模，其中吉金一百三十餘器，包括西周毛公鼎（圖一）、天亡毁（圖二）等重器，古璽印二千餘方，金文拓本七百餘種。他以拜見、過訪、書函等方式與當時諸多金石前輩或同好，如阮元、張廷濟、徐同柏、劉喜海、吴式芬、李璋煜、許瀚、翁大年、何紹基、吕佺孫、吴雲、陳畯、釋達受等，在收藏、鑒考和傳拓方面均有不同程度的交流和切磋。

簠齋歸里後至光緒十年（一八八四）去世的三十年間，從其治金石的成就來看，可分爲早中晚三個時段。早期爲咸豐五年至十一年（一八五五—一八六一）的六七年間，簠齋暫居鄉野，因時局動蕩，家室未安，治金石雖偶有收穫，但比較有限。中期即同治元年至十年（一八六二—一八七一），簠齋還居城内，新建宅第，儘管時局不穩，家事多艱，地處僻壤交游不便，但在金石的鑒藏、研究和承續上已逐漸形成獨特的傳古理念。晚期爲同治十一年至光緒十年（一八七二—一八八四）的十多年間，簠齋在同治十年連遭喪妻失子之悲後，更傾心於金石之業，無論是在收藏品類的廣度和深度上，還是在金文考釋著述、金石製拓技藝的传承創新上，皆成就顯著，後人難以望其項背。同時，他與仕宦吴雲、潘祖蔭、吴大澂、鮑康、王懿榮等金石同好頻頻通函，交流探討治金石文字之學的心得和經驗，並不遺餘力地藉助傳拓來踐行金石文化的推廣和傳承。

一、簠齋的金石鑒藏及傳古觀

清代中晚期，金石鑒藏已成爲書畫收藏之外的重要門類。簠齋喜古書畫，更嗜金石古器及拓本，同治十二年七月廿九日致吴雲札云：「書畫之愛，今不如昔。以金文拓本爲最切，其味爲最深厚，石鼓秦刻漢隸古拓次之。」[一]他一生收藏的金石器在品類及數量上是個動態的過程，當經歷了咸豐同治年間的社會動蕩，感到幾十年來的積藏命運叵測時，他决意用傳拓的方式將私藏與海内同好共享，遂經年不斷費盡心力地延聘工友拓製所藏金石璽印以贈友好或售直助拓以傳古[二]。簠齋將所製拓本用毛頭紙包裝起來，隨手將考釋及各事題於包裝紙上[三]。據曾負責保管簠齋拓本箱及手稿的陳繼揆（一九二一—二〇〇八）先生統計，「僅舉其有銘文者，商周銅器二百四十八件，秦漢銅器九十七件，石刻一百一十九件，磚三百二十六件，瓦當九百二十三件，銅鏡二百件，璽印七千餘方，封泥五百四十八方，陶文五千片，泉鏡鏃各式範一千件，銅造像無目不計」[四]。簠齋得器的主要途徑有購自市肆、得自舊藏家、親友餽贈、與藏友交换、托古董商或友人代爲尋購等。簠齋在歸里濰縣之前，多着力於古璽印及吉金彝器等鐘鼎重器的收藏，歸里後受限於經濟及地理因素，更多地關注齊魯地區出土的秦漢磚瓦石刻等，尤其是最早敏鋭地發現、收藏及研究古陶文。簠齋對藏品的尋覓選擇，無不體現其求真尚精、重文字、傳文脈的傳古思想和觀念。

（一）求真與尚精

簠齋的求真與尚精觀，貫穿於他對器物的鑒藏以及對器形和文字等信息的複製和保存中。他認爲「傳古首在别僞，次即貴精拓、精摹、精刻，以存其真」。也就是説，簠齋既重視器物本體的真實性，又重視器物文化信息在存留傳承過程中的真實性。前者要靠較高的學識和認知來去僞汰疑，後者要靠精微的工藝來實現。

就簠齋的藏器而言，在得自劉喜海舊藏的二十多件吉金中，他認爲益公鐘「疑陜僞」（圖三），雙耳壺「字僞」（圖四）[五]。簠齋與潘祖蔭等同好在通函中提及所藏的「十鐘」、「十一鐘」並不包括益公鐘[六]。對於他人所藏僞器或不真之器，簠齋也不諱言。同治十二年七月，他在得閲潘祖蔭《攀古樓彝器款識》和吴雲《兩罍軒彝器圖釋》刊本後，直言不諱地力勸二人要淘汰僞器和可疑之器，「以欲存古人之真」[七]，以免誤導後人。

[一]（清）陳介祺著、陳繼揆整理：《秦前文字之語》，齊魯書社，一九九一年，第二三九頁。
[二]（清）陳介祺《傳古小啓》（初稿），（清）陳介祺著、赫俊紅整理：《陳介祺手稿集》第四册，中華書局，二〇二三年，第九三二頁。
[三]（清）陳介祺著、陳繼揆整理：《簠齋金文題識》序，文物出版社，二〇〇五年。
[四]《秦前文字之語》前言，第三頁。
[五] 中國文化遺産研究院藏五册精裝本《簠齋藏吉金拓片》（登録號00995）中益公鐘、雙耳壺拓本的背面題字。
[六] 赫俊紅：《陳介祺藏鐘及對潘祖蔭邰鐘的考釋》，載《文物天地》二〇二二年第一期。
[七] 簠齋同治十三年二月十三日致鮑康札，《秦前文字之語》，第一八六頁。

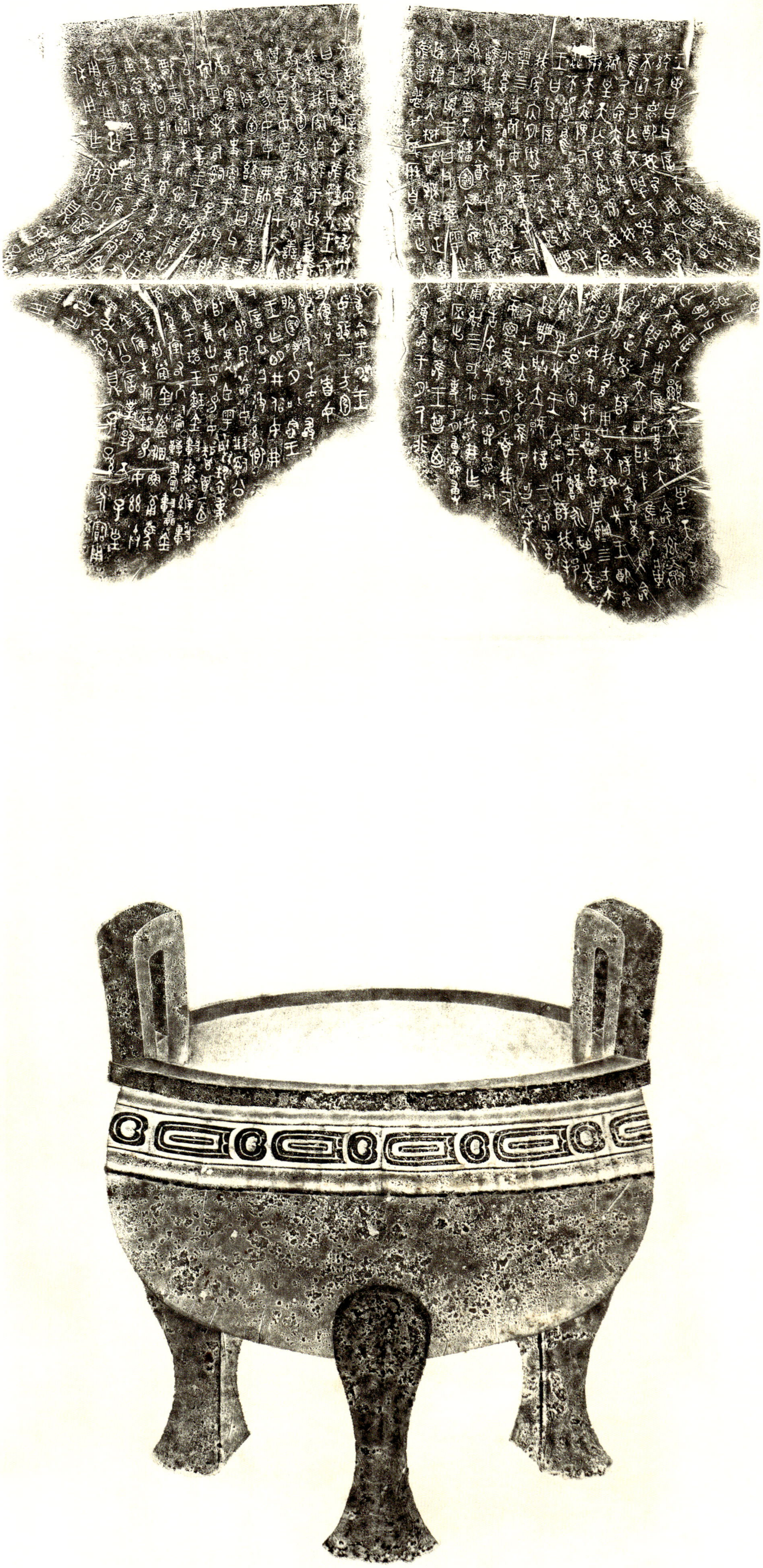

圖一　西周毛公鼎全形拓初拓本（陳進藏）

圖二 西周天亡毁全形拓

劉益公鐘 物瞭偽

八六

圖三 簠齋疑僞器益公鐘全形拓及背面題字

雙耳壺字偽 劉

八七

圖四 簠齋疑僞器雙耳壺全形拓及背面題字

他的這種汰僞去疑的存真觀，在致潘祖蔭、王懿榮、吴雲的信札中多有體現，同治十三年八月廿一日致潘祖蔭札中更是直言：「愚者之實事求是，良可哂也。其望當代之大收藏家專傳所得至可信之品，而不敢言可汰者，則其誠亦可憫矣。」[一]

簠齋對於藏器不僅求真，還力求「精」和「古」，即重視藏器的時代性和代表性。他認爲「多不如真，真不如精，古而精足矣，奚以多爲。得可存者十，不如得精者一」[二]。故鮑康（一八一〇—一八八一）評曰：「壽卿所藏古器無一不精，且多允推當代第一。」[三]簠齋求真尚精觀在傳拓方面的體現，將在下文述及。

（二）重文字與傳文脈

簠齋治金石的最大特點是重視文字，一是重文的義理，二是重字的本身。簠齋各品類的收藏皆因文字而起意，尤其好三代吉金文字，他在囑托西安古董商蘇億年代爲覓器時寫道：「以字爲主，式樣次之，顏色花文又次之。只好顏色而字逊者亦甚不必争。天地間惟以字爲重，字以古爲重。時代愈晚愈輕。印自不如古器，而費又多。雖費多而不能敵一重器，私印尤不敵官印。余收古物以印之費爲多，而愛之則不如三代器，愈老愈愛三代古文字拓本也。……如有再出字多之器，千萬不可失之。切屬切屬！千萬千萬！」[四]簠齋對商周秦漢歷代金文的信息特點有中肯的歸納：「金文以三代文字爲重，秦無文字，漢器之銘無文章，記年月、尺寸、斤兩、地名、器名、官名、工名而已，後世則並此而無之矣。」[五]

三代金文之所以重要，是因爲簠齋認識到商周金文是秦燔之前的「古文字真面」，是探究先秦社會歷史的原真性資料。秦代是中國社會歷史遞變的一個重要節點，秦燔加劇了後世與周文化之間的斷裂，「秦以前是一天地，同此世界，而與後迥不同」。而久埋地下被不斷發現的吉金銘文，刷新着有識之士對古史的認知。簠齋認爲「三代器之字，皆聖人所製。其文亦秉聖人之法，循聖人之理。亦有聖人之言，特不過是古人之一事耳」[六]。相較於漢儒整理輯存的先秦文獻，有些吉金重器的銘文甚至可稱爲「真古文尚書者」。正是這種對商周金文原真性史料價值的清晰認識，促使他數十年不間斷地對自藏周毛公鼎、天亡毀和戰國區鍨，潘祖蔭藏盂鼎、邵鐘、龙姞毀，以及吴雲藏齊侯罍等重器銘文進行研究和考釋，目的是欲求古人之理，明古人之心。他在同治十年毛公鼎銘考釋之初創稿的題記中寫道：「明聖人之理，然後可以知聖人之心。知聖人之心，然後可以論聖人之事。」[七]

金石文字還是簠齋鑒定古器真僞的核心要素。他認爲「古器字既著録傳後，必先嚴辨真僞，不可説贋」，還提出了鑒别真僞的要訣，一方面是從解讀字詞和篇章的角度，不僅要重釋字訓詁，更要重篇章結構，要能貫通古人之文理文法，即「以文定之」；另一方面是從解析文字書寫的角度，要精熟古人之行字用筆，即「以字定之」[八]。他在致潘祖蔭等人的信札中也多有類似言論：「收古器則必當講求古人作篆用筆之法，知之然後可以判真贋。」「論文字以握論器之要。」「近日作僞至工，須以作字之原與筆力别之，奇而無理，工而無力，則其僞必矣。」「識得古人筆法，自不至爲僞刻所紿，潛心篤好，以真者審之，久能自别。」

簠齋重視文字還體現在對金文新舊拓本不遺餘力的搜集上。歸里前，他將所藏三代器文拓本七百餘種裝幀成册，後來鼓動各大藏家彙集所藏金文拓本編纂字學辭典《説文統編》，以校訂和補充漢代許慎的《説文解字》。同治十一年十月十四日簠齋致鮑康札云：「今人論書，必推許氏，然許書已非真本，豈能如鐘鼎爲古文字廬山真面。當以今世所傳金文千餘種，合古書帖，編增許書。鐘鼎之外，惟古刀幣及三代古印耳，是當並補許書中。豈可不精摹而使再少失真，日後又無從仿佛邪。好古家刻書，每患己見之陋而沮，愚謂刻摹精審，則天下後世，皆得借吾刻以考證，又何必因噎而使錯過失時。惜乎，燕翁不明此理，而徒以玩物畢一生之精力而一無所傳也。」[九]

劉喜海（一七九三—一八五二，號燕庭）富藏金石，簠齋所藏鐘鼎、秦量詔銅版等重要器物皆得自劉氏舊藏，他對劉氏所藏未能廣佈傳播並惠及後世深感惋惜，並引以爲戒。簠齋在刻成於同治十二年的《傳古小啓》中，很明確地表達了將私藏金石文字以傳拓的方式化爲公器的傳古觀念。他寫道：「天地古今所傳文字耳。大而精者義理，小而粗者文字，無文字則義理亦不著矣。余收金石古文字四十年餘，歸里來以玩物例屏之。同治丁卯，青齊息警後，自念半生之力既糜於此，三代古文字猶是漆簡真面目，非玩物比也。時代限之，以次而降。今不如古，不能相强。雖一藝，古文字亦可珍也。檢視所藏，尚少贋字。拓傳，公諸海内。」[十]

二、簠齋的金石傳拓及拓工

（一）精拓多傳

簠齋鑒藏金石的最終目的，是要憑藉文字來揭示古人之義理，傳承接續先賢之文脈。此外，他傳承文脈的另一重要方式是以傳拓來存續文字信息，尤其是在經歷動盪亂世之後，他深感古器存世無常，傳拓之

[一]《秦前文字之語》，第三三頁。
[二] 簠齋同治十二年七月十日致潘祖蔭札之附箋，見《秦前文字之語》，第四頁。
[三]（清）鮑康：《續叢稿》第三七頁，「再題壽卿瓦當拓册」一則，載《觀古閣叢刻》，清同治光緒間刻本。
[四] 羅宏才：《新發現的兩通陳介祺書信》，載《文物》一九九五年第一期。
[五] 簠齋同治十二年八月（廿九日）致潘祖蔭札之附箋，《秦前文字之語》，第九頁。
[六]《金文宜裝册》，《陳介祺手稿集》第四册，第九七四頁。
[七]《周毛公厝鼎銘釋文》（初創稿），《陳介祺手稿集》第一册，第三七頁。
[八]《古器説》，《陳介祺手稿集》第四册，第九七六頁。
[九]《秦前文字之語》，第一四五至一四六頁。燕翁，指劉喜海。
[十]《傳古小啓》，《陳介祺手稿集》第四册，第九三二、九三八頁。

志更加堅定和迫切，不惜傾盡心力，延聘和培養拓工，將積藏半生的金石以傳拓方式來記録和保存古器之真形、古文字之真面，甚至不恥以售拓的方式來籌資助拓，從而更廣泛地傳播和光大了金石文化。

在藏器、製拓與傳古的關係上，簠齋認爲要「精拓多傳」，「使今日後日知之，勿以拓之不易而靳之也」[一]。若有藏器而不拓傳則若無器，「不拓則有若無，拓傳而古人傳，則藏者能以古文字公海内矣」[二]。

在製拓工藝上，他亦講求「真」與「精」。就金石文字而言，真與精體現在剔字時對字之邊際的明辨，以及拓字時對拓包、墨、紙、水之間濃淡乾濕及手法的掌控上[三]。就吉金全形拓而言，體現真與精的關鍵之處，一是器形的整體真實感，二是分紙局部拓出再綴合，三是精細與傳神。簠齋的吉金全形拓圖像具有真實、端莊、古雅和滄桑的特點，體現了他對吉金彝器功能及性質的理解，實現了全形圖像製拓工藝上的傳承和創新。

具體而言，當時製作器物拓本大致有兩種樣式，一是釋達受（字六舟）的整拓法，一是陳克明（字南叔）和陳畯（字粟園）的分紙綴合拓[四]。簠齋居京時，與達受、陳畯皆有往來交流，熟知其不同拓法，認爲前者「完紙成之，尤極精能，雖有巧者不能出其心思已」，「似巧而俗，不入大雅之賞」[五]；後者「從器上拓出而形象曲合」，且「遍觀所拓，古雅静穆，真不啻在三代几席間也」[六]。

簠齋的全形拓延承了陳畯的分拓綴合法，並探索利用洋照的優勢於拓圖之中。他在同治十一年（一八七二）九月至光緒元年（一八七五）七月間致吴雲、王懿榮、吴大澂、潘祖蔭的信札中，多次提及對傳入中國的西洋照相術成像特點的理解和審美，積極倡導利用洋照來拍攝古器、書畫碑帖，以保存和傳承中國之藝文。他認爲洋照拍攝出的古器圖，形象逼真，但其景深前大後小（或近大遠小），有失器之神態，且花紋不清晰，故作器圖時要不拘洋照，中西結合，即取洋照之形式，並據器之曲折處審校，修補必須表現而照圖中没有之處，再結合墨拓花紋等局部進行綴合[七]。同治十三年（一八七四）十二月二日、光緒元年（一八七五）正月二十日，簠齋致潘祖蔭的兩札中，建議潘氏用洋照與墨拓相結合的方法作盂鼎圖。

縱觀簠齋吉金全形拓圖，其視覺真實性的達成，一方面在構思上，是將器物在多視點平視下的正投影與俯視下的前後陰陽及比例關係相融合；在工序上，先依器之耳、足、口沿、腹身等不同部位用極薄細軟的紙分别拓出，再將其按擬定的視覺關係綴合黏貼在作爲襯紙的宣紙上。另一方面，拓墨的濃淡相間施用，精微地凸顯出器之口沿、耳、足、提梁、腹部扉棱、花紋等的立體質感，結合器内外素面處的淡墨平拓，間以斑駁印迹，使得青銅彝器的立體、厚重感躍然紙上，並在呈現視覺真實性的同時，透出一種古雅的文人化的審美氣息。

約在同治十三年，簠齋將平日所知所得以及既可保護好古器又能製出精拓的要訣寫成《傳古别録》，由潘祖蔭代爲刊佈。吴大澂（一八三五—一九〇二）盛贊簠齋道：「三代彝器之富，鑒别之精，無過長者。拓本之工，亦從古所未有。」「然非好之真，不知拓之貴，亦不知精拓之難。」簠齋這種記録和呈現吉金古器的傳拓方法，突破了北宋《宣和博古圖》和清乾隆朝《西清古鑒》[八]中僅靠摹繪古器輪廓形象和紋飾的製圖局限，達到了真實性與藝術表現性的統一。

簠齋藏器及拓本的品類和數量，在不同時段會有差異。同治十二年間簠齋在《傳古小啓》中開列了當時可售直的拓本清單：鐘拓十種，三十字以上彝器及秦器拓共約四十種，三代彝器拓大小殘缺約一百五十種，三代秦漢六朝古銅器小品及銅造像拓本約百種内，古刀布及泉拓最瑣屑而未列數量，泉範拓百餘種，漢鏡拓百餘種，秦漢瓦當及瓦字拓百種内，漢魏六朝磚拓百餘種，六朝唐宋元石拓約百種内，《十鐘山房印舉》六函（後改爲八十册八函）。此外，簠齋在致友人信札並寄贈拓本時，也偶有提及某類拓本全份的數量。目前在陳進先生處可得見陳氏家藏拓本目録，其中《十鐘山房藏古目》列有商周、秦漢銘文銅器三百四十五種，《鏡拓全目》有銅鏡二百種，《瓦拓全目》有瓦拓九百二十四種，《專拓全目》列秦漢、南北朝古磚三百二十三種，《十鐘山房藏石目》有東漢至宋金刻石及造像一百一十八種。

（二）簠齋的拓工

簠齋最早的傳拓助手是陳畯（字粟園，海鹽人）。簠齋居京期間與陳畯交往，較早的交往記録見簠齋道光二十一年（一八四一）所作的《虢季子白盤釋記》，其中提及劉喜海囑其友粟園手拓盤銘以其一贈簠齋，陳畯六月到京，兩人「相從論古以永日」。咸豐元年（一八五一）前後，簠齋請粟園移榻家中，助拓《簠齋印集》十部[九]。簠齋認爲粟園性情「静專」[十]，拓工至精，很欣賞其全形製拓中能保留古器之真的做法，

[一] 簠齋同治十三年六月十三日致吴雲札，見《秦前文字之語》，第二五四頁。

[二] 《古器説》，《陳介祺手稿集》第四册，第九七九頁。

[三] 見《傳古别録》中「剔字之弊」、「拓字之法」的有關闡述，《陳介祺手稿集》第四册，第九八八至一〇〇四頁。

[四] 簠齋同治十二年十月十三日致吴雲札云：「圖乃六舟作法，不及陳南叔竹林作圖以尺寸爲主，須以細銅絲或竹筋密排於版中，使揁抵於器之中，則大小可得其真，曲折悉合，然後側之以見器之陰陽向背之情，然後橐者就古器寬平者拓文，就器而撕合之，則不失矣。陰陽向背圖器同審自合（合則刻木，拓之亦佳）。」《秦前文字之語》，第二四七、二四八頁。

[五] 《傳古别録》，《陳介祺手稿集》第四册，第一〇〇三頁。

[六] 陸明君著：《陳介祺年譜》，西泠印社出版社，二〇一五年，第六六頁。

[七] 參見簠齋同治十一年九月二日致吴雲札附箋，次年十月十三日致吴雲札，《秦前文字之語》，第二一七、二四八頁。

[八] 王黼奉敕編纂的《宣和博古圖》輯録了宋皇室所藏商至唐代的青銅器，對每件器物均摹繪圖形和款識，記録容量、重量、銘文字數及釋文等，間有考記；目前流傳版本多爲明清重修本，如明萬曆間的《泊如齋重修宣和博古圖録》，由畫家丁雲鵬、吴廷羽繪圖。《西清古鑒》仿《宣和博古圖》遺式，著録清殿廷陳列及内府所藏青銅古器，除文字記考外，亦摹篆款識，精繪形模。此書清乾隆十四年（一七四九）由吏部尚書梁詩正、户部尚書蔣溥、工部尚書汪由敦等奉敕編纂，陳孝泳、楊瑞蓮摹篆，畫院供奉梁觀、丁觀鵬等繪圖。參見《西清古鑒》清光緒十四年（一八八八）日本邁宋書館銅版刻本。

[九] 簠齋云：「昔辛亥（一八五一）陳粟園爲作《簠齋印集》十部，十月始成。葉（志詵）、劉（喜海）、李（璋煜）、吴（式芬）、吕（堯仙）諸公醵貲助之乃就。」見《傳古小啓》（三抄校稿本），《陳介祺手稿集》第四册，第九四一頁。

[十] 簠齋同治十一年九月二日致吴雲札之附箋云：「廿年前所著《簠齋印集》，僅成十部。友人醵贈粟園亡友，每部十金或十餘金不等，紙與印泥不與焉。閲八月乃畢，非粟園静專，不能就也。」見《秦前文字之語》，第二二五頁。

並在歸里後的傳拓實踐中加以繼承且進一步發展完善。他在一套五册精裝本的吉金全形拓目録中寫道：「全圖必以粟園爲宗，而更求精。」[二]（圖五）作爲良工益友的陳粟園，成爲簠齋歸里後每每追念的拓工典範，這一點簠齋在致鮑康、潘祖蔭等友人的信札中多次提及。

簠齋在傳拓過程中總念及粟園，是因很难遇到稱心的好拓工。他在同治十三年六月六日、七月十一日致潘祖蔭札中云：「拓友之難備嘗，教拓則苦其鈍，又苦其厭，久而未必能安，重椎損器，多拓磨擦，私留拓本，妄費紙墨，出外游蕩，技未至精，而自恃非伊不可，與言每不隨意。若陳粟園者，真不可復得。即欲多延一二人，亦須有人照料方妥，此亦約略。」「敝處拓友，皆日日自看自教，拓未至精，而相處亦不易。如粟園者，今日豈可得哉。」[三]簠齋認爲好的拓工至少要具備以下幾方面特點：有一定的學養、通篆學，品性誠實可靠、静心專注、精細沉穩，技術精嚴。「延友則必須通篆學，誠篤精細，不輕躁鹵莽者。此等人亦必須善遇之，使之能安，然甚不易得。」[三]

同鄉王石經（一八一三—一九一八，號西泉）爲武生員，通篆法，刻印能得漢法，常得簠齋指點引導，是簠齋比較稱意的拓友。簠齋在光緒二年（一八七六）四月四日爲《西泉印存》題記曰：「西泉作印與年俱進，昔師漢印，今則秦斯金石刻，三代器文之法，有得於心。徒以古印求之，非知西泉者矣。」簠齋用印多出其手，評價他可與趙之謙比肩，「西泉似不讓撝叔也」[四]。簠齋還引薦西泉爲潘祖蔭、王懿榮等同好刻印，潘祖蔭在光緒十二年（一八八六）二月下旬題《西泉印存》云：「簠齋丈曾屬西泉爲余刻印，今年始遇於都門，復爲刻數枚。西泉之印近今無第二人。質之知者以爲何如？」[五]

簠齋延聘過的其他拓工主要有：張子達、吕守業（劉守業）、陳佩綱、姚公符、何昆玉（字伯瑜）等。他們各有長處和不足。對於張子達，簠齋認爲，其身體和品性皆有缺陷，但「拓白文能精」，「拓墨則他人皆不及」[六]。簠齋致潘祖蔭札云：「張子達（衍聰）之拓法，卻勝東省他人。但聾甚，又多疑，又能使氣，又私拓，又不惜護（卻未損），非有人監拓不可。薄如幣布朽破不可觸者，恐非所宜。又不能拓陽文，而尚能作圖，圖須指示乃大方。」[七]張氏墨拓北魏畫像石《曹望憘造像記》，簠齋認爲「工而未雅」[八]。

吕守業（曾姓劉，後改歸本宗，仍名守業）是簠齋培養出來的能精拓石瓦的拓工，「數年來令此劉姓習拓石瓦，二者竟能精，惟尚未能拓吉金，亦未多習之故。年少穩細，能領略指授，今日不可多得」[九]。簠齋在同治十二年（一八七三）十二月至光緒元年（一八七五）五月致鮑康、吴雲、王懿榮的信札中數次提及，認爲吕氏能受教，能究心，從容謹細，行不劣，是位好拓手，只是做工慢，「不受迫促，一紙須他人數紙工夫，勿輕視之」。簠齋曾遣其參與瑯琊秦刻之拓事，吕氏還曾拓北周武成宇文仲造玉像等。

陳佩綱（字子振），簠齋族弟，從簠齋學習摹刻古印，雖日有長進，但仍遜於王石經，「子振止能刻，若令自篆鐘鼎則不能成章，至鉤字或增或減其過不及者，則不能解，亦極代費心目。西泉能知之且知其意，故是良友」[十]。簠齋曾囑子振爲潘祖蔭、吴大澂、王懿榮刻印。

姚公符（？—一八七九），簠齋晚年傳拓助手，曾拓古陶、矢胸盤等。簠齋光緒四年（一八七八）十月九日致吴大澂札云：「古匋今得邑人姚公符學桓作圖，尚精細。今寄圖屏六十二幅，又矢胸盤大紙者一幅（有考未及書），紙背少有次序。公符寒士，以筆墨爲生，乞酌助之。」[十一]

何昆玉，廣東高要人，同治十一二年間携潘氏看篆樓古印、葉氏平安館節署燼餘古印到簠齋處，簠齋出其舊藏，並增益岳父李璋煜、吴式芬、鮑康等藏印編纂《十鐘山房印舉》[十二]。何氏助拓一年多，約成《十鐘山房印舉》廿部，每部八十本八函[十三]。

三、《陳介祺拓本集》的輯刊

百餘年過去，簠齋藏器歷經滄桑，四散海内外，而中國文化遺産研究院有緣珍藏了簠齋考釋手稿及一批金石拓本。手稿係簠齋後人於一九六四年捐贈，金石拓本主要是二十世紀五六十年代國家文物主管部門從市肆購得。二〇一七至二〇一九年，筆者以文研院立項科研課題「院藏陳介祺金石學資料整理研究」（編號2017-JBKY-13）爲契機，全面調查了簠齋藏器拓本，分門别類進行了鑒别、整理和研究，分爲商周彝器全形拓、商周彝器文字拓、商周兵器、秦詔量權、漢器、銅鏡、泉布泉範、瓦當、古磚、古陶文十種，彙爲《陳介祺拓本集》，有關情況簡述如下。

[一]《簠齋藏吉金拓片》（登録號00995），中國文化遺産研究院藏。
[二]《秦前文字之語》，第二四、二八頁。
[三]簠齋同治十三年七月十一日致潘祖蔭札，《秦前文字之語》，第二九頁。
[四]簠齋光緒元年正月十一日致潘祖蔭札，《秦前文字之語》，第四六、四七頁。
[五]（清）王石經著，陝進整理：《西泉印存》，天津人民美術出版社，二〇一四年。
[六]簠齋同治十三年八月廿一日致潘祖蔭札，《秦前文字之語》，第三五頁；光緒元年七月二十五日致王懿榮札，《秦前文字之語》，第一一三頁。
[七]簠齋光緒元年正月十一日致潘祖蔭札，《秦前文字之語》，第四七頁。
[八]簠齋光緒元年七月二十五日致王懿榮札，《秦前文字之語》，第一一三頁。
[九]簠齋同治十二年十二月立春後一日致鮑康札，《秦前文字之語》，第一八三頁。
[十]簠齋光緒元年三月二日致王懿榮札，《秦前文字之語》，第一〇三頁
[十一]《秦前文字之語》，第三二一頁。次年（一八七八）九月十九日簠齋致吴大澂札云：「姚公符亦作古，須别倩人爲之。」《秦前文字之語》，第三二六頁。
[十二]簠齋同治十二年二月二十四日致吴雲札，《秦前文字之語》，第二三〇頁。
[十三]簠齋同治十二年十一月十五日致鮑康札，《秦前文字之語》，第一八〇頁。

大楚公鐘
古吾字鐘
商子爵瞿戊敢吉氏
商癸山彝 吉氏
㚔父乙卯彝 底吉㚔文
中彝 底吉銘文
王有大豐敦 四耳
伯雝父敦 器蓋
麋生忽父敦 器蓋
又一
邁尗了敦 器蓋
君夫敦蓋
陳侯因資錞 一器
曾伯霥簠蓋
虢叔簠器
許子敦簠蓋
縷父盤 贈李氏
鄭君媿鼎
庚伯孟父鼎
旁戉小鼎
弭子鬲鼎 贈他氏
矢伯鬲陵卣 器蓋
遽中狂卣器
此犧尊 器蓋
傳卣
㠯鼎父尊 贈李氏
奇字器

冑乙斝
冉虎斝
母甲觶
父丁吉田觶
聿貝父辛觶
手止父乙觶
婦闢觥 器蓋
虢叔爵
又一
子丁爵
舟且庚爵
旅單父丙爵
魚父丙爵
子八父丁爵
口周窋匜
宗山豆 鄭宋崇室器
眉睇鼎 蓋有商字
緻安君鉼
嗣刀鼎 器蓋

全園拓以
粟園為宗
西莊求精

陽朔上林鼎 器蓋
陽周倉金鼎 器
第十平陽共鼎 器
杜共鼎蓋
安成鼎蓋 再補器
廢邱鼎蓋
陽嘉扶侯鐘
元延 隧寘鐙
又一 劉氏
元延 萬歲宮鐙
上軍侯燭豆 丙鐙
桂宮行鐙
董彤洗
長宜子孫洗
己侯鐘
兮中鐘
楚仲編鐘
遲比姜煋簠
犛 十六年
池陽宮行鐙
以上六器兩蓋 為 後宸敬兩甲角
乃藥氏拓

商天君鼎
叔厲鼎 小鼎出齊地 尚陳叔厲作 鼎具器蓋者罕見
趩尊
應公尊
白伯罷瑗卣 器蓋
商且己卣 父辛 器蓋 底有銘文
孟爵 當與孟鼎為人 爵中第一若二品
虘爵
㚔父丁爵 當即作㚔彝之人所為
子爵 東鄉拓贈趙粵 時失之
亞孫父乙觶
天子頭觚 購之峰石山房 觚中已仿者
丼觚
召閣皇父敦 器蓋
立戈子執干壺
取匜
取虘 盧 盤
函皇父匜
步高宮鐙
開封行鐙 道

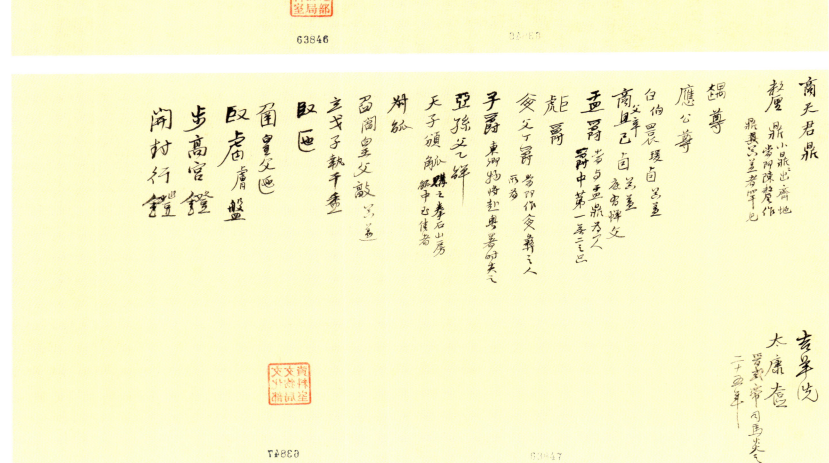

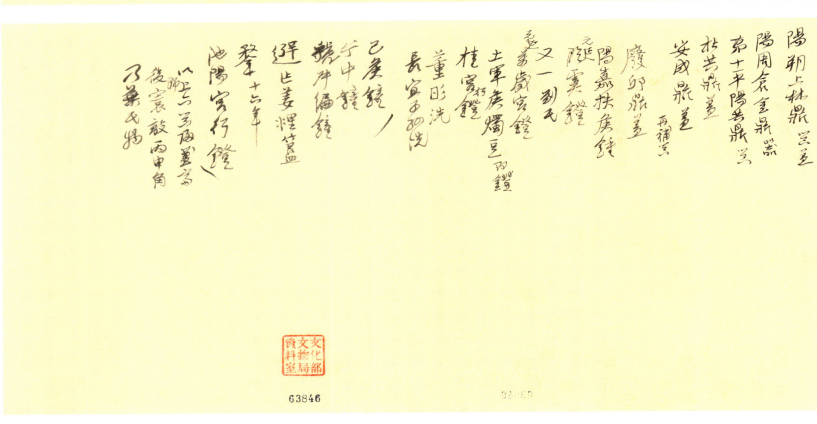

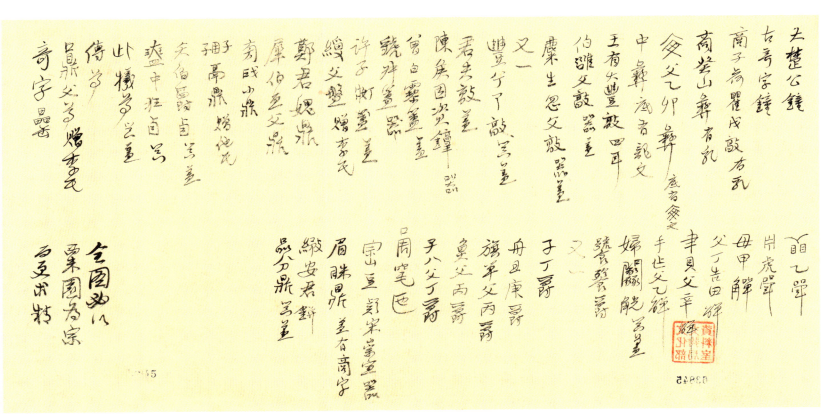

吉羊光
太康壺
晉武帝司馬炎
二十五年

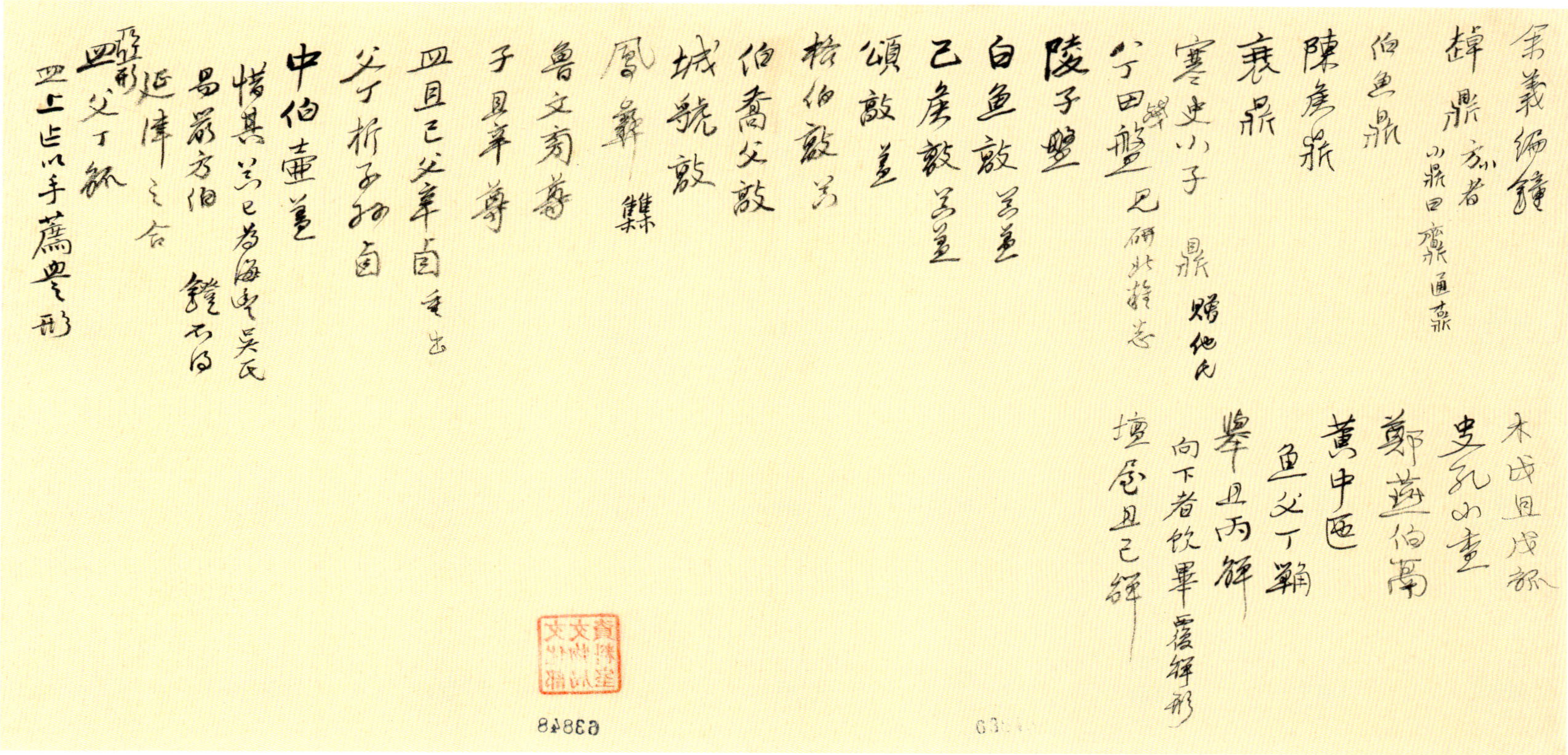

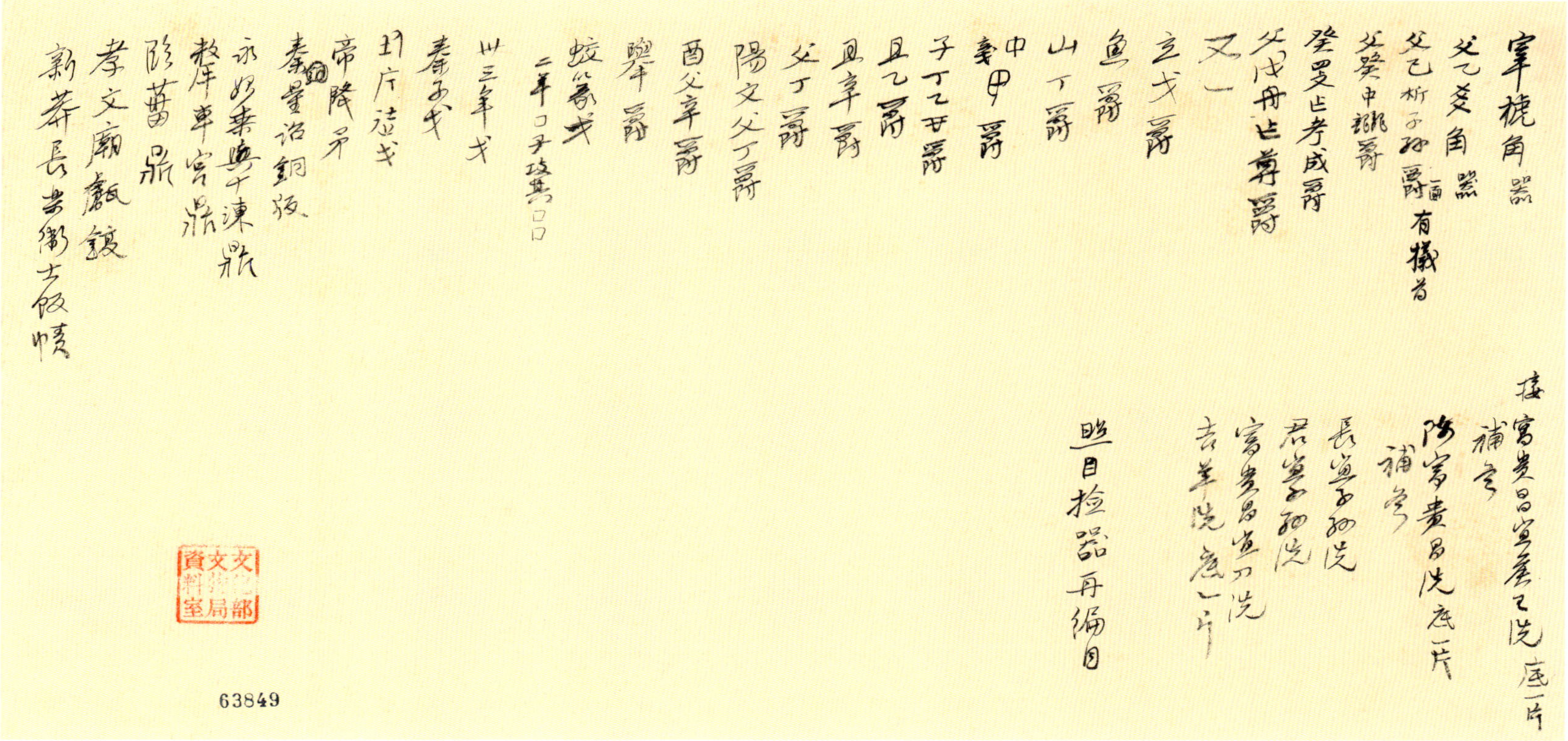

圖五 《簠齋藏吉金拓片》目録五頁

（一）商周全形拓及文字拓本

《商周彝器全形拓》收録簠齋藏商周彝器一百三十九器的全形精拓本（末附簠齋疑僞三器的全形拓），體現了簠齋藏器的核心面目。其底本主要源自院藏善本《簠齋藏吉金拓片》（登録號 00995）。筆者認爲，此部圖籍當是簠齋本人存留的藏器全形拓圖檔，非常珍貴。這一推斷有以下依據：

第一，裝幀考究精美。全套五册，書衣木框錦緞面封護，内葉以紙墩製成折葉，每器墨拓對開托裱其上。

第二，有墨筆行書於毛邊紙的器目五紙（圖五）。其中，有的器名下用雙行小字標注該器的來源、出土地、真僞意見等。有二紙的篇末還分别寫道：「照目撿器再編目。」「全圖必以粟園爲宗而更求精。」從上述信息及書寫筆迹來看，此五紙當是簠齋手書草目。

第三，五紙目録所列之器與拓本基本對應，總計有商周一百三十七器、秦一器、漢二十九器、晉一器以及簠齋疑僞三器。目録中提及一件疑北宋僞器「宻豆，疑宋崇宣器」[一]（圖六），另兩件疑僞器見於折葉背面題記。

第四，有兩册在折葉背面有墨書題記，記器名、頁碼（從二至八七），有的還注明器的來源、辨僞意見。寫有「劉」字的，是得自劉喜海舊藏，計有二十一器，其中二器題寫的鑒定意見分别是「益公鐘　疑陝僞」、「雙耳壺　字僞」（圖三、圖四）；另寫有「葉」字的，是得自葉志詵舊藏，有師寰敦、丙申角。

第五，拓本製成時間及拓工不一。有一幅在整紙上采用拓與墨描相結合工藝製成的楚公豪鐘（中者）圖，係六舟拓（鈐印「六舟手拓」）（圖七）。其傳拓工藝與審美風格與册中的兮仲鐘等拓本不同。還有一幅「頌毁」文字拓本鈐印「陳粟園手拓」（圖八），爲陳畯所拓。這兩幅當是簠齋四十二歲之前居京期間，與六舟、陳畯交往時留下的早期拓本。同治十年後，簠齋在經歷青齊亂世後，決意將所藏以傳拓方式來保存傳播，便持續延請拓工助拓，在全形拓工藝上，采用陳畯的分紙綴合拓法，而更求精。册中有一幅楚公豪鐘（中者）文字拓，便是出自簠齋之手[二]（圖九）。

據此，筆者推斷此套拓圖當是簠齋選編、具有記録和保藏性質的一部吉金全形拓圖檔。這些拓本非常珍貴且稀見，呈現了簠齋眼中吉金所具有的端莊、文雅和古樸的氣韻。

本次輯刊的簠齋全形拓《商周兵器》，有戈、戟、劍、矛等六十六器，不僅數量齊全，且每器皆拓兩面，拓工精雅（圖十）。拓本的底本主要源自院藏圖籍《簠齋藏銅器拓片》（登録號 01027）。

簠齋重視三代金文，强調精拓多拓以傳世。此次輯刊的《商周彝器文字拓》有一百九十九種金文精拓本，其中部分彝器殘片的文字拓，是《商周彝器全形拓》中所没有的。文字拓的底本亦主要源自院藏圖籍《簠齋藏銅器拓片》（登録號 01027）。

（二）秦詔量權拓本

簠齋收藏秦器，源於他對開後世小篆之始的秦相李斯遺迹的看重。簠齋最早所得秦器是道光二十三年（一八四三）獲藏的一塊出自關中的秦詔銅版，同出的另外四塊歸劉喜海。同治五年（一八六六），劉氏的四塊舊藏亦歸簠齋。他認爲銅詔版是嵌於木量的遺存，詔字爲李斯之迹。之後的八九年間，簠齋又陸續入藏了秦始皇及二世詔字的木量銅詔版、鐵權和銅量，這大大激發了他欲集秦相李斯之迹以成大觀的迫切願望。他認爲秦金石文字「雖不及鐘鼎文字，然暴秦忽焉，柔豪之法，實始於斯，不可不重也」[三]。

簠齋的秦詔文字收藏中還有一種作爲量器的陶器，即瓦量。他對秦瓦量的辨識和定名，在其《秦詔瓦量殘字》拓本册的光緒三年（一八七七）「丁丑七月十六日」長題中有詳細記載（圖十一）。他還在光緒三年七月七日將新得的「秦始皇瓦量殘字四片拓四」寄贈吴大澂[四]。此後幾年間，簠齋又陸續入藏了一些秦詔瓦量殘片，如光緒四年十月收得兩片[五]。他收藏秦詔瓦量的總數，據現存多個拓本册的對勘來看，共有三十三種。

院藏簠齋秦詔量權拓本比較齊全，現輯入《秦詔量權》中的有鐵權及權版、木量銅版、瓦量殘片等四十三器的四十六幅拓本。

（三）漢器、銅鏡及泉布泉範拓本

簠齋收藏的漢器主要有鼎、甗、鍑、鐙、洗等，兵器主要是弩鐖，還有作爲車飾的青銅構件等。簠齋認爲「漢器之銘無文章，記年月、尺寸、斤兩、地名、器名、官名、工名而已」。從文獻價值來看，漢器並不是簠齋關注的重點，但他仍能發現一些製器新奇或有代表性的器物，並結合典籍進行考證闡釋，如《漢鐙考記》[六]。同治十一年九月二日簠齋致吴雲札之附箋云：「余新得綏和鴈足鐙，因集所藏所見之鐙爲考説，並刻所藏漢器精者爲圖説之。」[七]此次輯入《漢器》的五十三幅拓本，其底本主要源於院藏《簠齋藏吉金拓片》（登録號 00995）和《陳簠齋吉金文字》（登録號 440238）。

[一] 此器全形拓背面題「崇豆」。
[二]「楚公豪鐘（中者）」拓本有鈐印「陳壽卿手拓吉金文字」、「陳氏吉金」、「陳介祺所得三代兩漢吉金記」。
[三] 簠齋同治十三年四月八日致吴雲札，《秦前文字之語》第二五三頁。
[四] 簠齋光緒三年七月七日致吴大澂札，《秦前文字之語》第三〇六頁。
[五] 見簠齋光緒四年十月九日致吴大澂札：「唯又同得秦瓦量詔字殘片二爲快。」《秦前文字之語》，第三二一頁。
[六] 見《陳介祺手稿集》第二册中的「漢器金文考釋」部分，第五六五頁。
[七]《秦前文字之語》，第二二四頁。

圖六　薫齋疑僞器宗豆全形拓、背面題記、目録所列條目

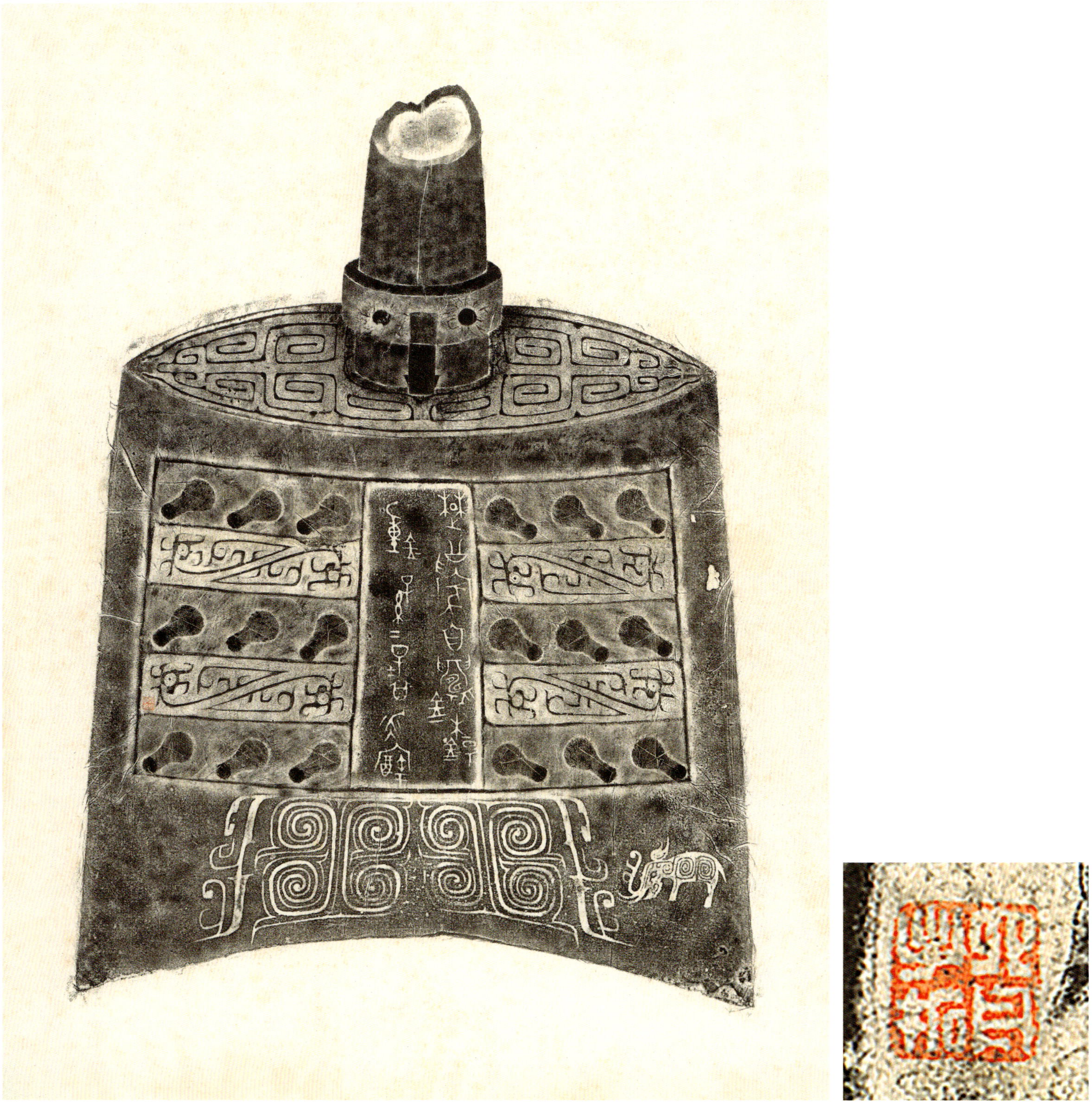

圖七　西周晚期楚公豪鐘（中者）全形拓及「六舟手拓」印

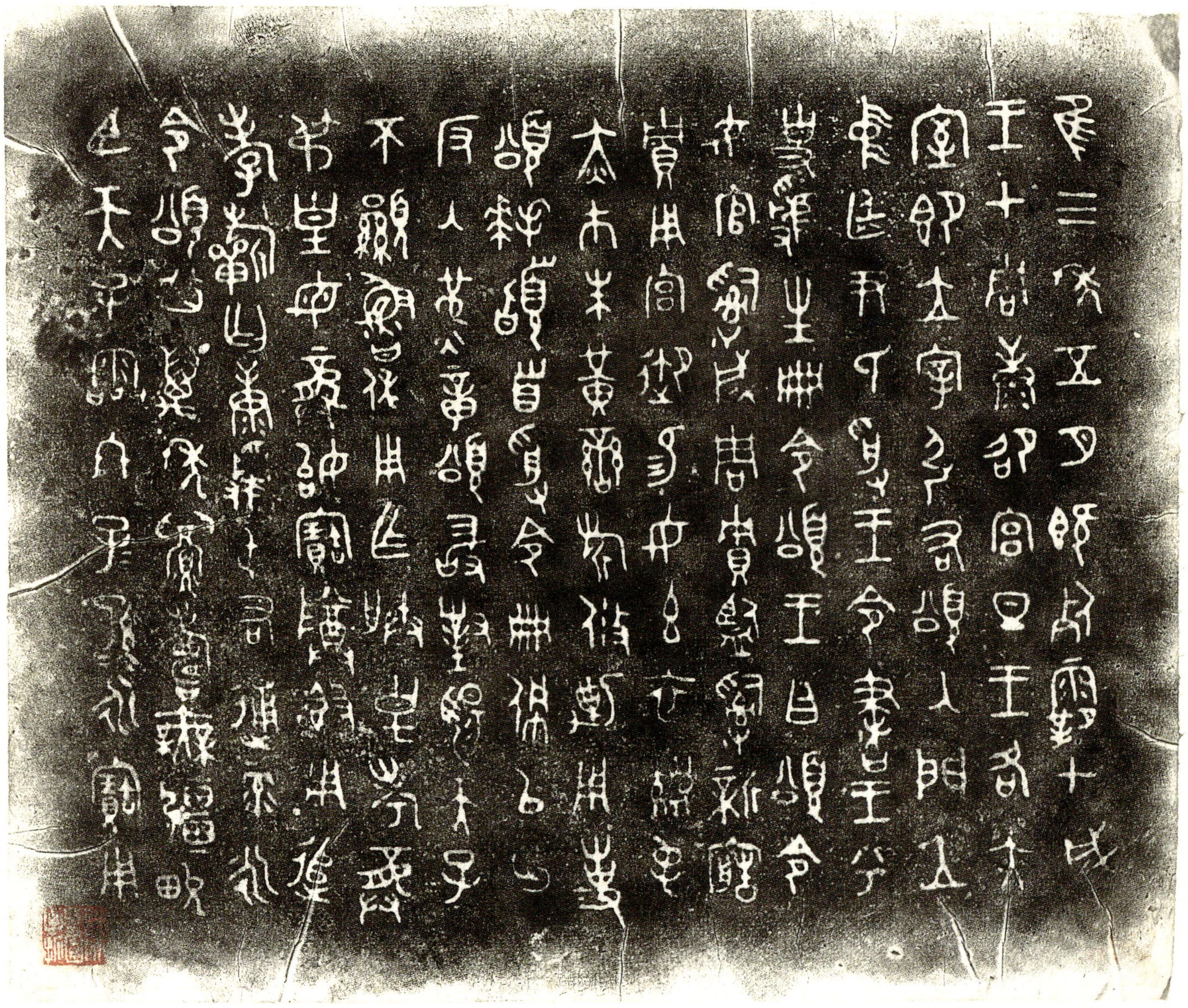

圖八　西周晚期頌毀全形拓及「陳粟園手拓」印

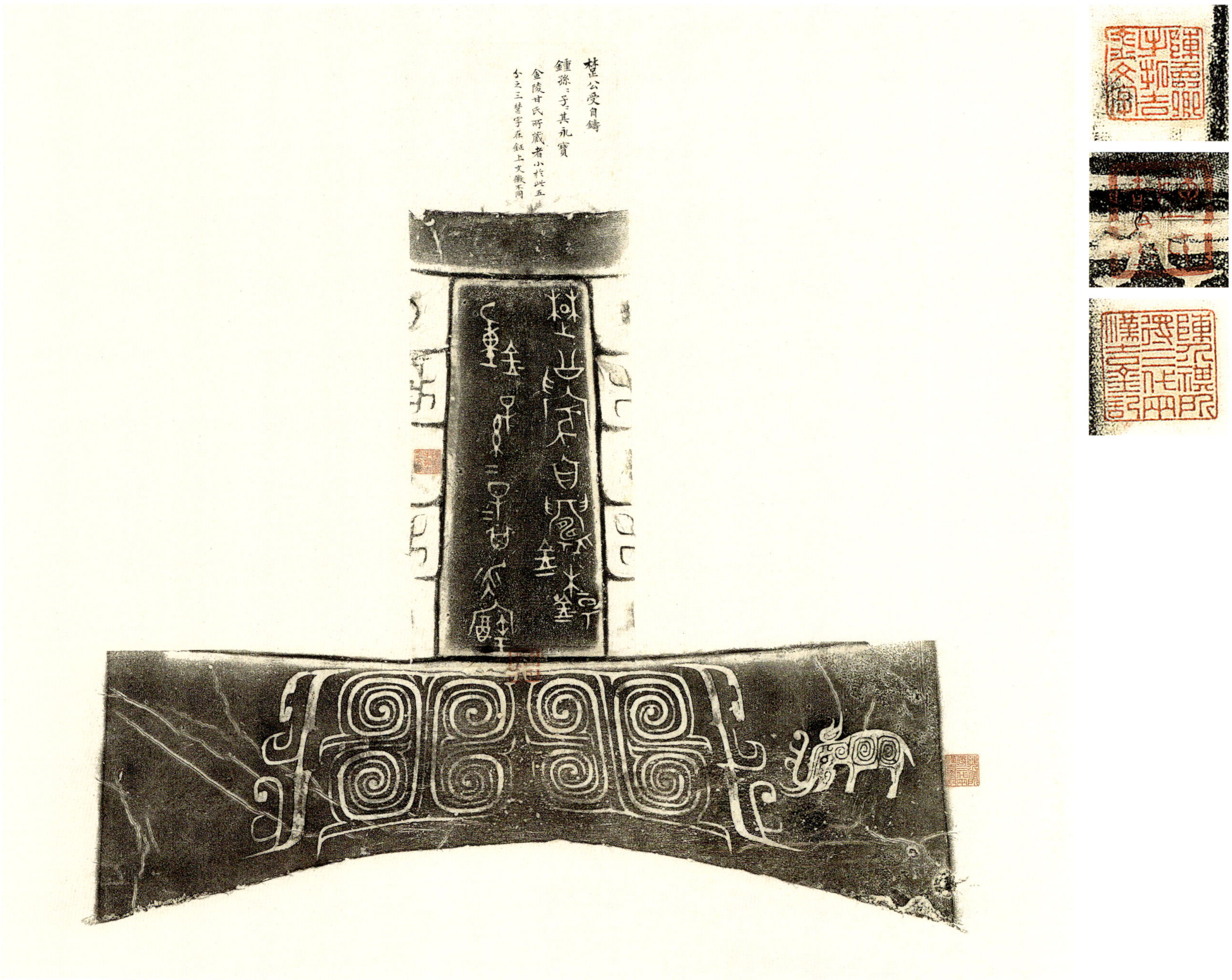

圖九　西周晚期楚公豪鐘（中者）文字拓及董齋鈐印

圖十　春秋早期梁伯戈拓本

余昔得秦始皇詔刻字殘瓦一疑爲宫瓦今又得殘瓦四
其三器口完然定爲瓦量古瓦器皆計所容以準度量
此詔施於瓦器非量而何字在器頸二字一行當二十行四瓦
似同而非一器頸圜故鑄二行四字銅印陶成加印于泥然後
入火土金木之生气以鍊至竭則不散故塼瓦之堅者字每
如新秦無文字又十五年即以斯書爲柔豪之祖傳世至
少余卅年來大集秦金每於泰山琅邪訪秦石數字而不得
以秦瓦當數百自慰不意今竟獲瓦詔字與石同不在泰
山琅邪二刻下秦之文字亦於斯爲盛矣復案嵗刻字詔
瓦其上亦似器口三字一行當十四行末行一字字大于四瓦似
書于器上刻者尤見筆法刀法以瓦形校之皆可得器口圜
徑大略也光緒丁丑七月十六日己巳海濱病史記

圖十一 秦詔瓦量殘片拓本及題記

圖十二 漢代日光草葉鏡拓本

銅鏡是簠齋收藏的品類之一，曾自名「二百竟齋」。據陳進先生家藏本《鏡拓全目》所記銅鏡有二百枚。此次輯入《銅鏡》的拓本有一百六十九種，主要是兩漢時期遺存（圖十二）。

簠齋因重視古文字而延伸到對古泉的關注，對於古泉重研究而少收藏。他在同治十三年七月十一日、十月十三日致鮑康札云：「弟不收泉而言泉，蓋推三代文字及之，他則仍不求甚解也。」[一]「古化究下古器一等，以非成章之文，且有出工賈之手者，然猶是秦燔前古文字真面目，故不能不重，精刻傳之。」[二]他對古泉的研究體現在對老友李佐賢《古泉匯》的批校上，亦散見在與鮑康的通函中。他很關注當時各家所藏，甚至期望合諸家古貨集拓精刻公世[三]。本次輯入《泉布泉範》的拓本，是簠齋所藏的新莽十布六泉，其中六泉一套、十布兩套。這與光緒二年（一八七六）五月廿五日簠齋致吳大澂札中所記基本吻合，「敝藏六泉全一而有未精，十布全者二而有餘」[四]。

關於簠齋藏範，民國七年（一九一八）鄧實《簠齋吉金録》中影印了鄒壽祺藏銅範拓本六十七幅、鐵範一幅。鄒壽祺題記云：「簠齋藏貨範千餘，嘗以名居曰『千貨範室』。余所見有二十餘册，皆土範也。此銅範六十七紙、鐵範一紙，傳拓極少。庚戌立夏日杭州鄒壽祺得于中江李氏。」此次輯入《泉布泉範》的是銅範拓本，有四十九幅（圖十三）。

（四）瓦當、古磚及古陶文拓本

簠齋經年所藏秦漢瓦當的數量，據陳氏家藏《瓦拓全目》（陳進藏）有九百二十四種，其中殘瓦頗多。院藏圖籍《秦漢瓦當拓本》（登録號420727）中有瓦當拓片五百九十五種，本次從中選擇拓瓦相對比較完整，其刻字或紋樣亦較有特點的輯入《瓦當》拓本中（圖十四）。

簠齋藏磚的數量，從陳氏家藏《專拓全目》（陳進藏）看，有秦漢至南北朝古磚三百二十三種。院藏圖籍《陳簠齋藏磚》（登録號440249）中有磚拓四十種，輯入《古磚》拓本中（圖十五）。

簠齋在光緒年間首先發現了古陶文，並收藏了大量齊魯一帶的陶文殘片。他於光緒四年（一八七八）二月十七日致吳雲札時，寄贈了所拓三代古陶文字全份二千餘種。同年四月四日簠齋致吳大澂札云：「古匋拓已將及三千，如有欲助以傳者，乞留意。」光緒六年簠齋作對聯稱所積藏的齊魯陶文有四千種，至光緒九年（一八八三），題云「陶文今將及五千」。簠齋是發現、積藏和研究陶文的第一人，他曾感慨：「三代古匋文字，不意於祺發之，三代有文字完瓦器，不意至祺獲之，殆祺好古之誠有以格今契古而天實爲之耶。」[五]對於古陶文字，簠齋總結道：「古匋文字不外地名、官名、器名、作者、用者姓名與其事其數。」[六]此次所輯《古陶文》中有三千七百五十二種拓片，底本源自院藏圖籍《三代古陶文拓片輯存》（登録號01469）（圖十六）。

四、結語

金石器作爲一種文化遺存，在清代中晚期得到阮元、張廷濟、劉喜海等文人仕宦收藏家的高度重視，而晚清陳介祺的藏器品種之富之精最爲時人稱賞。更難能可貴的是，他傾心致力於金石器的考釋、研究和傳承，發展了記録保存金石器圖文信息的傳拓工藝，留下了盡可能多的、精工雅致的金石文字拓本和吉金全形拓本。簠齋求真求精的傳古觀念，以及爲文存真影、爲器傳神形的傳古實踐，極大地豐富了傳統金石學的内涵，尤其是他的全形拓將青銅彝器的圖像表現力推向了兼具器之真形與藝術審美的新高度。

筆者有幸有緣得以親近先賢簠齋的手稿、墨拓等諸多遺存，深感其治學的嚴謹，與同好交流的坦誠，對「真」「精」傳古觀念的秉持不怠，以及傳拓實踐上的創新和行動力。如今歷經數年的整理、研究和編纂，繼二〇二三年《陳介祺手稿集》刊佈之後，由院藏拓本纂輯而成的《陳介祺拓本集》（十種），亦將陸續公之於世。在此，首先要感謝中國文化遺産研究院各級領導將「院藏陳介祺金石學資料整理研究」納入二〇一七—二〇一九年的院科研課題（編號2017-JBKY-13），感謝吳家安、喬梁、陸明君、曾君、劉紹剛等專家學者在課題立項或結項時給予的幫助和指導。在課題研究及後續準備出版的過程中，筆者時常請教簠齋七世孫陳進先生，陳先生退休後始致力於簠齋相關資料的搜集、整理和研究，他總是熱情接待並加以指導，還提供了家藏毛公鼎初拓本、簠齋藏器目等珍貴資料；王澤文先生對商周吉金銘文進行了審訂；這期間還得到鄭子良、黨志剛、沈大娟、張洪雷、王允麗、葛勵、苑園、曹雨芊、宮𡊮、李賀仙、魏宏君等友人的協助，在此表示衷心感謝！當然，本書的最終面世還要感謝中華書局領導的支持，以及責任編輯許旭虹和吳麒麟、美術編輯許麗娟的精誠合作！書中有不妥之處，敬請方家指正。

中國文化遺産研究院　赫俊紅

二〇二四年四月十五日　初稿
二〇二四年九月二十日　定稿

[一]《秦前文字之語》，第一九四至一九五頁。
[二]《秦前文字之語》，第二〇〇頁。
[三] 簠齋光緒元年七月廿六日致鮑康札，《秦前文字之語》，第二〇六頁。
[四]《秦前文字之語》，第三〇〇頁。
[五] 簠齋光緒三年八月廿四日致吳大澂札，《秦前文字之語》，第三一〇頁。
[六] 簠齋光緒四年二月廿七日致吳大澂札，《秦前文字之語》，第三一七頁。

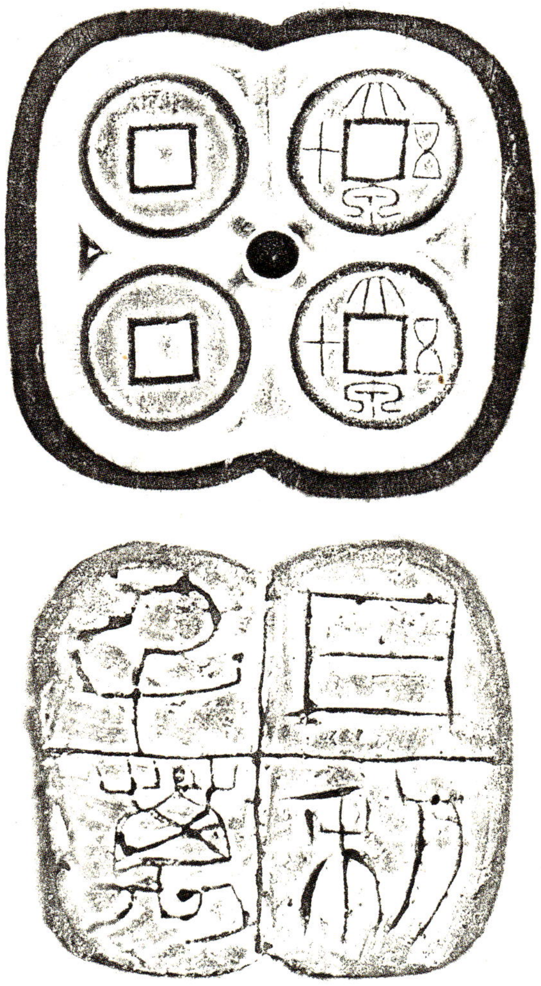

圖十三　新莽時期大泉五十銅範正背面拓本

圖十四　秦瓦當拓本

圖十五　南朝宋大明五年磚拓本

圖十六　古陶文拓本

目録

角

斝

盤

編例

一、本書收録清陳介祺藏商周吉金器銘的文字拓本一百九十九種，均爲中國文化遺産研究院珍藏。其圖版主要來自院藏善本《簠齋藏銅器拓片》（登録號01027）。此善本爲册頁，分五册，無目録。另有部分圖版來自院藏善本《簠齋藏三代古器拓本》（登録號00971）。此善本分六册，綫裝，無目録。爲區分册中各器拓本，在各器名稱之後附加一個編號（院藏古籍登録號．册次號．器次號），如分仲鐘00971.3.03、厚趠方鼎01027.3.11。

二、對拓本的辨識和整理主要參照中國社會科學院考古研究所編《殷周金文集成》（修訂增補本）。

三、本書編録内容分圖版和文字著録。文字著録信息包括基本信息、釋文、院藏信息、附録。其中，基本信息有題名（附圖版拓本編號）、時代、銘文字數、《殷周金文集成》等的著録編號；釋文儘量吸收學術新成果，疑難處參酌諸家研究，並注明出處；院藏信息除著録獨立成幅的器銘文字拓本外，還著録了器物的全形拓；附録主要參閲《簠齋金文題識》輯録簠齋對拓器的認知。

四、本書目次編排上，先依器分二十一類，類序參照《殷周金文集成》。其中鼎類方鼎置前，尊類犧尊置前。各類中再依時代或時段（商、西周、春秋、戰國）排序。同時段者，則按銘文字數多少的降序排次。

五、器銘釋文按原銘行款排列，便於圖文對照觀覽。釋文中的隸定字置於圓括號内，限於版面，直接隸寫的有：隹（唯）、且（祖）、女（汝）、乍（作）、烏（嗚）、乎（呼）、白（名字中作「伯」）、中（名字中作「仲」）、屯（純）、隮（尊）等。銘文漫漶缺損處的補字，置於□中。銘文原缺的補字，置於方括號内。銘文缺損處無法識别的字，用□表示。少量尚難辨識的字則保留原形或摹寫。

六、參閲書目：

中國社會科學院考古研究所編：《殷周金文集成》（修訂增補本），中華書局，二〇〇七年。内文中簡稱《集成》。

吴鎮烽編著：《商周青銅器銘文暨圖像集成》及續編、三編，上海古籍出版社，二〇一二年、二〇一六年、二〇二〇年。又，《商周金文資料通鑒》電子版，二〇二四年。

羅振玉編：《三代吉金文存》，中華書局，一九八三年。

（清）陳介祺著、陳繼揆整理：《簠齋金文題識》，文物出版社，二〇〇五年。

鄧實編：《簠齋吉金録》，民國七年（一九一八）風雨樓影印本。

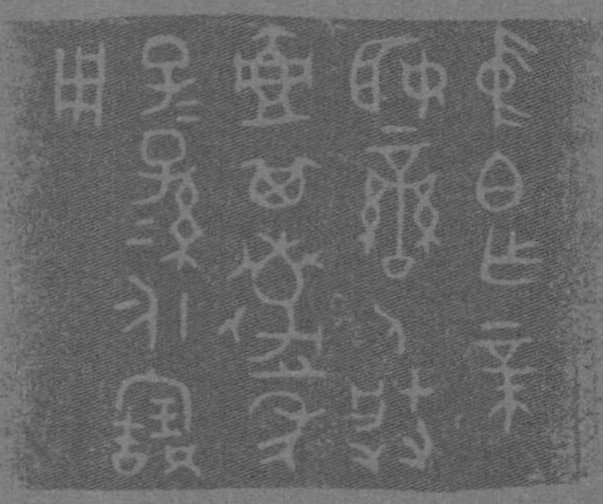

鐘

虘鐘／觑鐘（龞伯鐘）／井人妄鐘／兮仲鐘／虢叔旅鐘／楚公冢鐘大者／楚公冢鐘中者／楚公冢鐘小者／己侯虓鐘／僕兒鐘／者沪鐘

一 虘鐘 00971.3.02

西周中期

該器現藏：日本京都泉屋博古館

銘文字數：三十五

《集成》著録編號：〇〇〇八八

釋文

唯正月初吉，丁亥，

虘作寶鐘，用追孝于己

伯，用亯大宗，用濼（樂）好賓。

虘眔蔡姬永寶，用卲大宗。

院藏信息

文字拓，登録號00971.3.02，一頁

全形拓，登録號490086.02，一軸，鈐印：海濱病史、十鐘主人。

有鄧邦述題記並鈐印：正闇祕笈、群碧校讀

附録

觑鐘

補甬。有乳環鉦百二十一。

三十五字，左鉦上七字，横列向中，鉦間通上三行，二行行九字，一行十字。㊄鼓左。

得之關中。

虘、𧆛、觑屢見吉金，亦見《説文》，而古音訓未能定。蓋爲其祖作也，其考釐伯爲支子，故此曰用仰大宗也。仰字奇，即印，人形。

大者爲其祖作，小者爲其父作，文不盡同。

參見《簠齋金文題識》頁一至二

二

虘鐘（𧽊伯鐘） 00971.3.10

西周中期

該器現藏：日本京都泉屋博古館

銘文字數：二十五

《集成》著録編號：〇〇〇九二

釋文

首，敢對揚天子不（丕）顯

休，用作

朕文考𧽊

伯龢㯱（林）鐘，

虘眔蔡

姬永寶。

院藏信息

文字拓，登録號00971.3.10，一頁

全形拓，登録號490086.08，一軸，鈐印：簠齋藏三代器、十鐘

山房藏鐘。有鄧邦述題記並鈐印：群碧校讀、正闇祕笈

附録

虘編鐘

小者甬文與大者鉦間文同，當是一人所作。

是末一鐘。山東長山袁理堂宜業舊藏，得自袁氏。

己伯其祖也，𧽊伯其父支子也，與虘鐘是一人作。虘、虘一字。

參見《簠齋金文題識》頁五

三

丼人𡚬鐘

00971.3.01

西周晚期

該器現藏：上海博物館

銘文字數：四十一（又重文三）

《集成》著録編號：〇〇一〇九

釋文

丼（邢）人人𡚬曰，覭盄（淑）文祖、皇考，克哲厥德，得純用魯，永冬（終）于吉。𡚬不敢弗帥用文祖、皇考，穆穆秉德，𡚬憲憲聖趣（爽），疐處……

院藏信息

文字拓，登録號00971.3.01，一頁

全形拓，登録號49008б.01，一軸，鈐印：海濱病史、簠齋。有鄧邦述題記並鈐印：群碧翁、正闇祕笈、群碧、群碧校讀

附録

邢仁𡚬鐘

鐘之大者。鐘大而質似少薄，未稱。四十一字，鉦間三十二字，鼓右九字。浙江錢塘張應昌仲甫、揚州包氏、山東諸城劉喜海燕庭舊藏，得之劉氏。仁𡚬疑仁接。

參見《簠齋金文題識》頁一

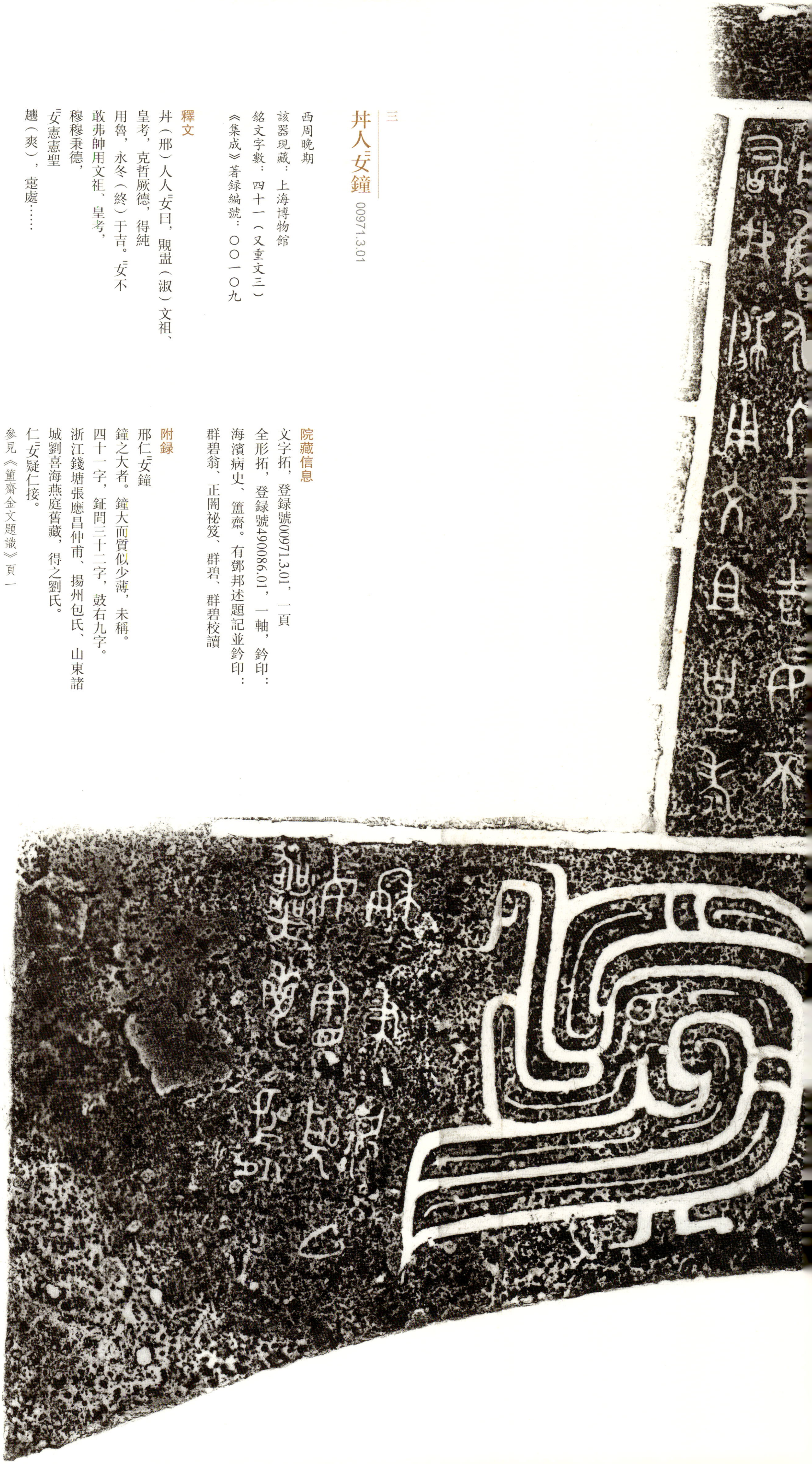

四 兮仲鐘 00971.3.03

西周晚期

該器現藏：日本京都泉屋博古館

銘文字數：二十七

《集成》著録編號：〇〇〇六九

釋文

兮仲作大簪（林）鐘，
其用追孝于皇考
己伯，用侃
喜前文人，
子孫永
寶用享。

院藏信息

文字拓，登録號00971.3.03，一頁

全形拓，登録號00995.4.16，二開（有字面、無字面各一開）

全形拓，登録號490086.03，一軸

附録

兮仲鐘

二十七字。鉦間十三字，鼓右十四字。

書與鐘制俱似王朝者，號尗旅編鐘同。

山東諸城劉燕庭因李寶台得于廠肆，得之劉氏。

參見《簠齋金文題識》頁二

五 虢叔旅鐘 00971.3.09

西周晚期

該器現藏：日本京都泉屋博古館

銘文字數：二十六

《集成》著録編號：〇〇二四三

釋文

皇考威儀，淄（祗）御

于天子。廼天子多

賜旅休。旅

對天子魯

休揚，用作朕……

院藏信息

文字拓，登録號00971.3.09，一頁

全形拓，登録號00995.4.17，一開

全形拓，登録號490086.09，一軸

附録

虢尗旅編鐘

二十六字，鉦間十三字，鼓右十三字。鳧形鼓左。出關中，同出三鐘。宗周鐘今不知所在，世傳唯虢尗旅三鐘爲冠。浙江山陰胡定生、山東諸城劉燕庭舊藏，得之劉氏。

參見《簠齋金文題識》頁五

六

楚公豙鐘 大者

00971.3.05

西周晚期

該器現藏：日本京都泉屋博古館

銘文字數：十四

《集成》著録編號：〇〇〇四三

釋文

楚公豙自作寶大

歖（林）鐘，孫子其永寶。

院藏信息

文字拓，登録號00971.3.05，一頁

全形拓，登録號49086.05，一軸，鈐印：海濱病史、十鐘主人。有鄧邦述題記並鈐印：群碧樓、正闇祕笈

附録

楚公受鐘

大者。

十四字。鳧形鼓左。

得之關中。

家從[illegible]，疑仍是受異文。

參見《簠齋金文題識》頁三

七

楚公冢鐘　中者　00971.3.06

西周晚期

該器現藏：日本京都泉屋博古館

銘文字數：十二（又重文二）

《集成》著録編號：〇〇〇四二

釋文

楚公冢自鑄錫（鍚）

鐘，孫孫子子其永寶。

院藏信息

文字拓，登録號00971.3.06，一頁

全形拓，登録號00995.2.01，一開，全形拓鈐印：六舟手拓，文字拓鈐印：陳介祺所得三代兩漢吉金記、陳壽卿手拓吉金文字、陳氏吉金；題識：楚公受自鑄鍾，孫孫子子其永寶。金陵甘氏所藏者小於此五分之三，楚字在鉦上，文微不同。

全形拓，登録號49008.06，一軸

附録

楚公受鐘

次者。

十三字，重文二，象形鼓左。

得之敝肆翟君官學正者。

參見《簠齋金文題識》頁三

八

楚公豪鐘 小者

00971.3.07

西周晚期

該器現藏：日本京都泉屋博古館

銘文字數：十四（又重文二）

《集成》著録編號：〇〇〇四四

釋文

楚公豪自作寶大

歠（林）鐘，孫孫子子其永寶。

院藏信息

文字拓，登録號00971.3.07，一頁

全形拓，登録號49086.07，一軸，鈐印：海濱病史、十鐘山房藏鐘。

有鄧邦述題記並鈐印：群碧樓、正闇祕笈

附録

楚公受鐘

小者。

十六字，重文二。

得之關中。

參見《簠齋金文題識》頁四

巳侯

九

己侯虓鐘 00971.3.04

西周晚期

該器現藏：日本京都泉屋博古館

銘文字數：六

《集成》著録編號：〇〇〇一四

釋文

己（紀）侯

虓作

寶鐘

院藏信息

文字拓，登録號00971.3.04，一頁

全形拓，登録號00995.4.15，一開

全形拓，登録號490086.04，一軸

附録

己（紀）侯鐘

背甬有環。甬有環者唯此。古鐘有銅鉤，多無字，唯南海吴氏所録有從鐘之鉤四字。

六字。己字有剔誤。

鐘小而厚倍它鐘，當不中律，國之所以早亡與。出山東壽光。

山東益都李載賡、江西萍鄉劉金門鳳誥、山東諸城劉燕庭舊藏，得之劉氏。

見《山左金石志》。

參見《簠齋金文題識》頁二至三

一〇 僕兒鐘

00971.3.11

春秋晚期

該器現藏：上海博物館

銘文字數：三十

《集成》著録編號：〇〇一八五

釋文

唯正九
月初吉，
丁亥，曾
孫儯（僕）兒，
余迭
斯于
之孫，余
茲佫之
元子，
曰：「嗚
呼，敬
哉，余……」

院藏信息

文字拓，登録號00971.3.11，一頁，一面拓本（後面文字）

全形拓，登録號00995.1.01，一開，兩面拓本

全形拓，登録號490086，一軸

附録

鄦（許）兒（倪）編鐘

兩面有字，一面十六字，一面十四字。鑿款。

阮録全鐘，今亦不知所在。

文與陽湖孫氏藏全文鐘有異者，不可解。

參見《簠齋金文題識》頁五

者沪鐘 00971.3.08

戰國早期
該器現藏：日本京都泉屋博古館
銘文字數：存二十二
《集成》著録編號：〇〇一三二

釋文

唯戉（越）
十有（又）
九年，
王曰：
者沪，
汝亦
虔秉
不（丕）濬（墜）
德，台（以）
緈（續）光
朕[卲（昭）]
[丂（考）]之……
（編者注：釋文據《商周金文資料通鑒》電子版
一五三三三者沪鐘三、一五三三六者沪鐘六等校）

院藏信息

文字拓，登録號00971.3.08.1（唯戉）、00971.3.08.2
（虔秉），二頁
全形拓，登録號00995.2.02，一開
全形拓，登録號490086.01，一軸

附録

古奇字編
鐘
補甬。
削書字。兩面各十二字，磨滅者九。
鐘有二，其一歸河南糧道湖北蔣啓勷，未得拓本。蔣君
啓勷時觀察豫中，未詳所出，或即豫所出與。
清卿視學關中，當得蔣器拓中有者汈字者，余未得見。
參見《簠齋金文題識》頁四

鐃

受鐃

一二

受鐃

00971.3.12

商晚期

銘文字數：一

《集成》著録編號：〇〇三七四

釋文

受

院藏信息

文字拓，登録號00971.3.12，一頁，鈐印：簠齋藏三代器

全形拓，登録號440238.4.27，一頁

附録

兩手奉舟鐸

一字在柄，即古受字。

周以前。所見鐸多商器，遒人有徇，則夏制矣。

參見《簠齋金文題識》頁六

鼎

厚趠方鼎／揚方鼎／堇臨作父乙方鼎／鼎鼎／征人鼎／伯魚鼎／衰鼎／堇伯鼎／釐鼎／伯作彝鼎／甚鼎／孔作父癸鼎／䣄侯鼎／杞伯每亡鼎／犀伯魚父鼎／鄭凡媿鼎／旁鼎／陳侯鼎／梁上官鼎／䝨脒鼎

一三

厚趠方鼎 01027.3.11

西周早期

該器現藏：上海博物館

銘文字數：三十二（又重文一）

《集成》著録編號：〇二七三〇

釋文

唯王來各（格）于成周

年，厚趠又（有）𩡧（償）于

𨑢（祭）公，趠用作厥

文考父辛寶尊

齋，其子子孫永寶。束

（編者注：「𨑢」釋作「祭」，參見李學勤《釋郭店簡祭公之顧命》，《文物》一九九八年第七期）

院藏信息

文字拓，登録號01027.3.11，一頁，鈐印：簠齋藏三代器

文字拓，登録號00971.3.13，一頁

全形拓，登録號00995.1.02，一開

附録

趠鼎

亦可名厚趠鼎。

三十三字。

見薛尚功《款識》，宋器今存蓋千百之一矣。

參見《簠齋金文題識》頁六

一四

揚方鼎

01027.4.17

西周早期

銘文字數：十八

《集成》著録編號：〇二六一三

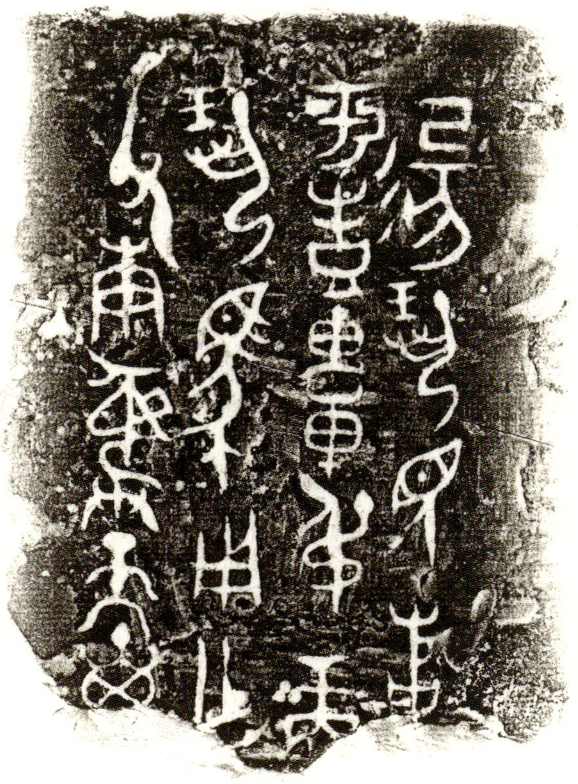

釋文

己亥，揚視事
于彭，車叔賞
揚馬，用作
父庚彝。奄

院藏信息

文字拓，登録號01027.4.17，一頁，鈐印：簠齋藏三代器

文字拓，登録號00971.3.14，一頁，鈐印：簠齋藏三代器

附録

商己亥方鼎殘片

□，古揚字，作器者名。

商器。

□字。

得之濰市。

聃毁四耳者，三見□，太保毁四耳，一見□，當即古於字，後世誤以□爲方，以于爲亇。

參見《簠齋金文題識》頁七

一五

董臨作父乙方鼎 01027.4.46

西周早期

銘文字數：八

《集成》著録編號：〇二三一二

釋文

董臨作父乙

寶尊彝

院藏信息

文字拓，登録號01027.4.46，一頁，鈐印：簠齋藏三代器

文字拓，登録號00971.3.15，一頁，鈐印：簠齋藏三代器

附録

堇山臤䵼方鼎殘片

十字。

余於膠西王竹溪家親見完器，是曹文莊、張氏物。張有元祐老屋。

兵燹後得於白浪河干銅市。

阮録所收是圜鼎，蓋今在吳平齋處。

〓，古兕字，通祝。《書》、《詩》並訓侯祝爲兕。《穀梁》祝吁。

《左傳》州吁之州，以〓〓誤。祝〓一字。祝之从兄，疑亦是〓之

譌，兕〓非一字也。祝〓一字，法廢、治亂一字例與。

參見《簠齋金文題識》頁七至八

一六

鼎鼎 01027.2.50

商

銘文字數：一

《集成》著録編號：〇一一八九

釋文

鼎

院藏信息

文字拓，登録號01027.2.50，一頁，鈐印：簠齋藏三代器

文字拓，登録號00971.3.17，一頁

附録

商鼎字鼎

一字。

參見《簠齋金文題識》頁九

一七

征人鼎

01027.3.10

西周早期

該器現藏：日本京都小川睦之輔氏

銘文字數：二十四

《集成》著録編號：〇二六七四

釋文

丙午，天君鄉（饗）
禮酉（酒），在斤，天
君賞厥征
人斤貝，用作
父丁尊彝。黿

院藏信息

文字拓，登録號01027.3.10，一頁，鈐印：簠齋藏三代器
文字拓，登録號00971.3.16，一頁
全形拓，登録號00095.3.01，一開

附録

商天君鼎
二十六字。
𠂆是作者名。
參見《簠齋金文題識》頁九

一八

伯魚鼎 01027.4.67

西周早期

銘文字數：六

《集成》著録編號：〇二一六八

釋文

伯魚作

寶尊彝

院藏信息

文字拓，登録號01027.4.67，一頁，鈐印：簠齋藏三代器

文字拓，登録號00971.3.19，一頁，鈐印：簠齋藏三代器

全形拓，登録號00995.1.03，一開

附録

伯魚鼎

六字。

出易州，敦一，殘；毁器一；有勺一，無銘。

伯當是氏，非伯仲。

參見《簠齋金文題識》頁一〇

一九

衰鼎 01027.3.33

西周早期

銘文字数：六

《三代吉金文存》著録編號：三·二·七。《商周青銅器銘文暨圖像集成三編》著録編號：〇一六八

釋文

衰作父

癸寶鼎

院藏信息

文字拓，登録號01027.3.33，一頁，鈐印：簠齋藏三代器

文字拓，登録號00971.3.25，一頁，鈐印：簠齋藏三代器

全形拓，登録號00995.1.05，一開

附録

衰鼎

六字。

參見《簠齋金文題識》頁一二

二〇

董伯鼎 01027.4.70

西周早期

銘文字數：六

《集成》著録編號：〇二一五五

釋文

董伯作旅

尊彝

院藏信息

文字拓，登録號01027.4.70，一頁，鈐印：簠齋藏三代器

文字拓，登録號00971.3.18，一頁，鈐印：簠齋藏三代器

附録

萁伯鼎

六字。

山左土物。

車上勹執刀形。甚古，商器。

參見《簠齋金文題識》頁九至一〇

器銘（01027.4.68.1）

蓋銘（01027.4.68.2）

二二

⿱敄童鼎 01027.4.68

西周早期或中期

該器現藏：上海博物館

銘文字數：五（蓋、器同銘）

《集成》著録編號：〇二〇六七

釋文

⿱敄童作寶

⿱齊鼎

院藏信息

文字拓，登録號01027.4.68.1（器銘）、01027.4.68.2（蓋銘），二頁，鈐印：簠齋藏三代器（蓋銘、器銘同）

文字拓，登録號00971.3.29.1（蓋銘）、00971.3.29.2（器銘），二頁，鈐印：簠齋藏三代器

全形拓，登録號00995.3.02，一開

附録

⿱敄童鼎器蓋

鼎極小，小者陪鼎，又有蓋。

耳旁出上曲。

鼎小而有蓋者罕覯。

器蓋各五字。

出齊地，疑亦田陳物也。

參見《簠齋金文題識》頁一四

二三 伯作彝鼎 01027.2.48

西周早期

銘文字數：三

《集成》著録編號：〇一七二八

釋文

伯作彝

院藏信息

文字拓，登録號01027.2.48，一頁，鈐印：簠齋藏三代器

文字拓，登録號00971.3.27，一頁

附録

伯鼎

小鼎，陪鼎。

三字。

又有刻字，似非僞而遜。

參見《簠齋金文題識》頁一三

二三 甚鼎

01027.2.72

西周中期

銘文字數：九

《集成》著録編號：〇二四一〇

釋文

甚諆肇作

父丁尊彝　羊

院藏信息

文字拓，登録號01027.2.72，一頁，鈐印：簠齋藏三代器

文字拓，登録號00971.3.24，一頁

附録

甚（斟）鼎

十字。

歸里所得，其齊産與。

□从曰从匕，即斟。斟尋古邦在濰南。諴从口，臧字。

□是羊首象形，小鼎盛羊首之器也。

參見《簠齋金文題識》頁一二

二四

孔作父癸鼎

01027.3.13

西周中期

銘文字數：五

《集成》著録編號：〇二〇二一

釋文

孔作父

癸肇（旅）

（編者注：有學者認爲「孔」應釋作「季」，參見董莲池、郭秋媛《釋孔鼎中的季》，《中國文字研究》第二十輯）

院藏信息

文字拓，登録號01027.3.13，一頁，鈐印：簠齋藏三代器

文字拓，登録號00971.3.26，一頁，鈐印：簠齋藏三代器

附録

孔鼎

六字。

小，破。

得之濰市。

參見《簠齋金文題識》頁一二至一三

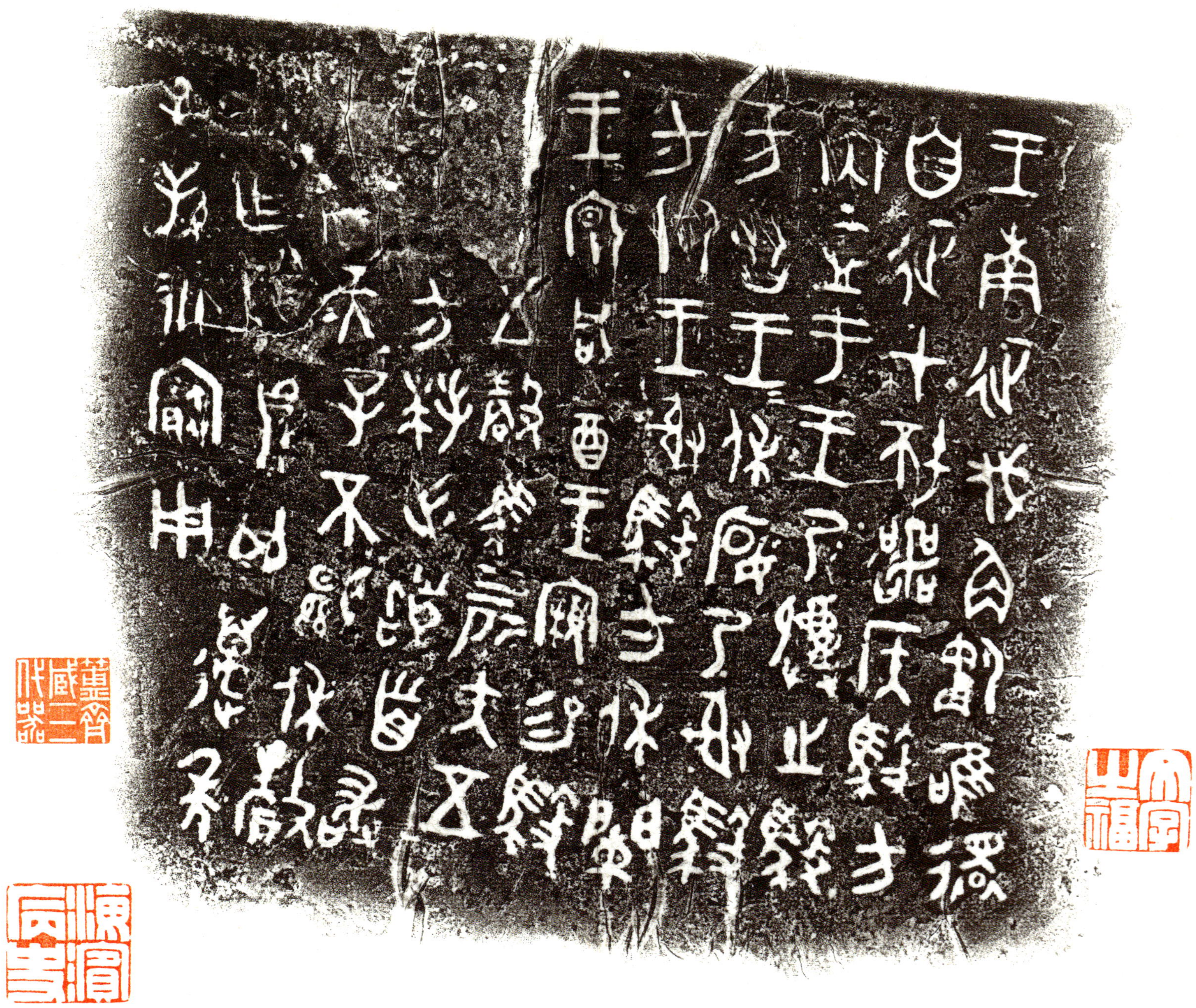

二五

噩侯鼎 01027.3.17

西周晚期

該器現藏：上海博物館

銘文字數：存七十九

《集成》著録編號：〇二八一〇

釋文

王南征，伐角僪（遹）唯還自征，在坏（坯），噩（鄂）侯馭方内（納）豊（醴）于王，乃祼之，馭方侑王，王休宴，乃射，馭方卿（會）王射，馭方休，闌，王宴，咸酓（飲），王親賜馭方玉五瑴，馬四匹，矢五束，馭方拜手稽首，敢對揚天子不（丕）顯休贅（賚），用作尊鼎，其萬年，子孫永寶用。

院藏信息

文字拓，登録號01027.3.17，一頁，鈐印：文字之福、簠齋藏三代器、海濱病史

文字拓，登録號00971.3.33，一頁

全形拓，登録號44027，一幀，鈐印：文字之福、半生林下田間、簠齋、平生有三代文字之好、海濱病史

附録

器侯馭方鼎

八十九字。

光緒甲申得之閩中。歸里卅年，得鼎以此爲最。

參見《簠齋金文題識》頁九

二六

杞伯每𠤎鼎 01027.4.22

西周晚期或春秋早期

該器現藏：日本京都小川睦之輔氏處

銘文字數：十四（又重文二）

《集成》著録編號：〇二四九五

釋文

杞伯每𠤎作

邾嫀（曹）寶鼎，

子子孫孫永寶用。

院藏信息

文字拓，登録號01027.4.22，一頁，鈐印：簠齋藏三代器

文字拓，登録號00971.3.20，一頁

附録

杞伯敏父鼎

十五字。

有平蓋，蓋無文，蓋有三∧。

出新泰。

丁丑所收。

參見《簠齋金文題識》頁一〇

二七

犀伯魚父鼎

01027.2.65

西周

銘文字數：十五（又重文二）

《集成》著録編號：〇二五三四

釋文

犀伯魚父作
旅鼎。其萬年，
子子孫孫永寶用。

院藏信息

文字拓，登録號01027.2.65，一頁，鈐印：簠齋藏三代器

文字拓，登録號00971.3.22，一頁

全形拓，登録號00095.2.19，一開

附録

犀伯魚父鼎

十七字。

余藏古器文有魚字者，鼎二、尊一、爵一、觶一、毀三，皆有不同，可見古人象形之神變。

參見《簠齋金文題識》頁一一

二八

鄭凡媿鼎 01027.3.08

西周

銘文字數：十

《集成》著録編號：〇二四一五

釋文

奠（鄭）凡媿作旅

鼎，其永寶用。

（編者注：「[glyph]」釋作「凡」，參見王子揚《甲骨文舊釋「凡」之字絶大多數當釋爲「同」——兼談「凡」、「同」之别》，復旦大學出土文獻與古文字研究中心編《出土文獻與古文字研究》第五輯，二〇一三年）

院藏信息

文字拓，登録號01027.3.08，一頁，鈐印：簠齋藏三代器

文字拓，登録號00971.3.23，一頁

全形拓，登録號00995.2.18，一開

附録

鄭君殷鼎

□字。

奠有定訓，疑有定音，音在奠、定之間，與鄭音近。

[glyph]究不同。

葉東卿贈。

參見《簠齋金文題識》頁一一至一二

二九

旁鼎 01027.3.09

西周

該器現藏：上海博物館

銘文字數：五

《集成》著録編號：〇二〇七一

釋文

旁肁（肇）作尊諆

院藏信息

文字拓，登録號01027.3.09，一頁，鈐印：簠齋藏三代器

文字拓，登録號00971.3.28，一頁，鈐印：簠齋藏三代器

全形拓，登録號00995.2.20，一開

附録

旁肇鼎

小鼎，陪鼎也。

五字。

旁字可正《説文》。凡可正《説文》字，皆當一一記之。

參見《簠齋金文題識》頁一三

三〇

陳侯鼎

0127.4.36

春秋早期

該器現藏：故宫博物院

銘文字數：二十一（内一字殘泐不清）

《集成》著録編號：〇二六五〇

釋文

唯正月初吉，丁亥，敶（陳）侯作鑄

嬀四母媵鼎。

其永壽用之。

院藏信息

文字拓，登録號01027.4.36，一頁，鈐印：陳氏吉金、簠齋藏三代器

文字拓，登録號00971.3.21，一頁

全形拓，登録號00995.1.04，一開

附録

陳侯鼎

二十一字。

此非田陳器。

山左土物。

參見《簠齋金文題識》頁一〇

三一

梁上官鼎 01027.2.63

戰國晚期
該器現藏：故宫博物院
銘文字數：十一（又合文二）
《集成》著録編號：〇二四五一

蓋釋文

梁上官
脣（容）厽（叁）分

器釋文

宜誯（信）乳（孺）子，脣（容）厽（叁）分。
（編者注：「[illegible]」釋作「乳（孺）」，據《商周金文資料通鑒》電子版〇二〇一五校）

院藏信息

文字拓，登録號01027.2.63，一頁，鈐印：簠齋藏三代器
文字拓，登録號00971.3.31，一頁
文字拓，登録號440238.4.34，一頁
全形拓，登録號00995.2.46，一開

附録

梁上官鼎
有蓋。
關中寄。
蓋六字，[illegible]上官；器六字，[illegible]（誰）[illegible]不同，下三字同，[illegible]。
吴清卿（時視學陝甘）大澂所藏鼎有上官字、平安君字，李方赤外舅藏鼎，東臯長笏臣藏鼎，余並定爲梁器。
參見《簠齋金文題識》頁一五

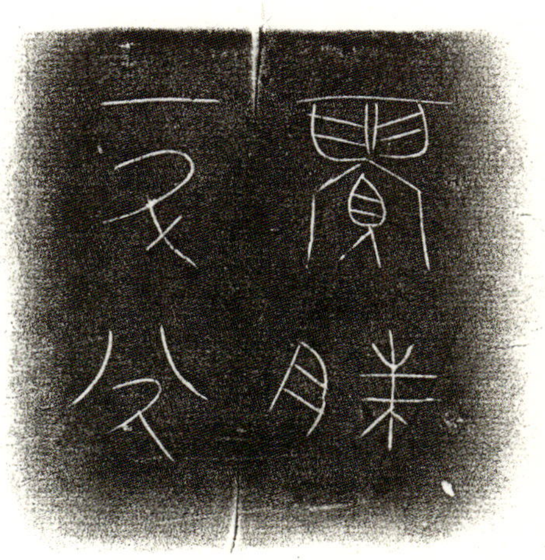

器銘（01027.2.62）

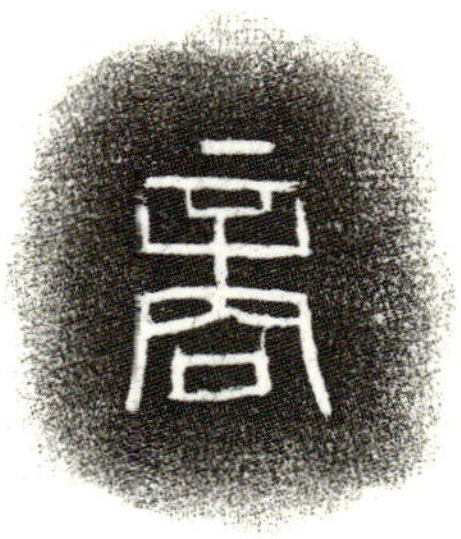

蓋銘（01027.4.13）

三二

⿱臼貝朕鼎 01027.2.62 01027.4.13

戰國

銘文字數：五

蓋銘「商」字爲漢代後刻

《集成》著録編號：〇二一〇三

器釋文

⿱臼貝（鄫）朕（廚）

一斗半

（編者注：「[illegible]」釋作「⿱臼貝（鄫）」，據《商周金文資料通鑒》電子版〇一四九〇校）

院藏信息

文字拓，登録號01027.4.13（蓋銘）、01027.2.62（器銘），二頁，

鈐印：簠齋藏三代器（蓋銘、器銘同）

文字拓，登録號00971.3.30.1（器銘）、00971.3.30.2（蓋銘），二頁，

鈐印：簠齋藏三代器（蓋銘、器銘同）

文字拓，登録號440238.4.35，一頁

全形拓，登録號00995.2.44，一開

附録

眉朕鼎

與商字鼎蓋合。

六字、一字。

似漢制，則周末矣。蓋雖合，未必一器。

制爲秦漢鼎之權輿矣，古制厚重爾。周末器。

一つ一勺也，十つ一升也，十升一斗也。字从止。

此漢器紀升斗之所由放。

參見《簠齋金文題識》頁一四

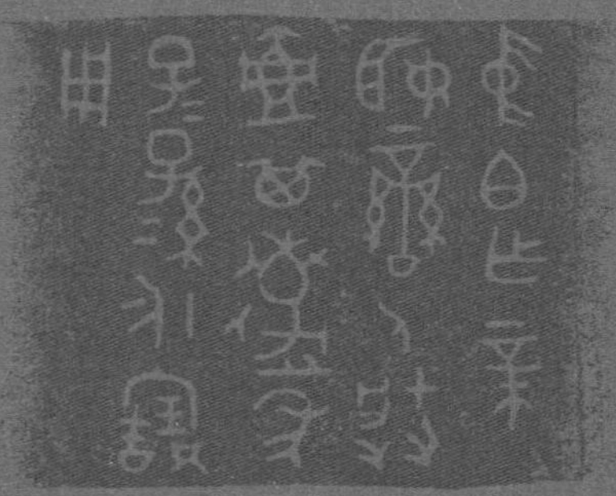

鬲

𤞷伯鬲／鄭登伯鬲／邿始鬲

三三

焂伯鬲

01027.4.41

西周中期

該器現藏：日本東京根津美術館

銘文字數：十一

《集成》著録編號：〇〇六三二

釋文

焂（榮）伯鑄鬲于

□，其萬年寶用。

院藏信息

文字拓，登録號01027.4.41，一頁，鈐印：文字之福、簠齋藏三代器、海濱病史

文字拓，登録號00971.5.16，一頁

附録

艾伯鬲

十一字。

□是地名。

鑄有□。

參見《簠齋金文題識》頁一五

三四

鄭登伯鬲 01027.4.29

春秋早期

該器現藏：故宮博物院

銘文字數：八

《集成》著録編號：〇〇五九七

釋文

奠（鄭）𤼷（登）伯作叔嫦薦鬲

院藏信息

文字拓，登録號01027.4.29，一頁，鈐印：簠齋藏三代器、海濱病史

文字拓，登録號00971.5.17，一頁，鈐印：簠齋藏三代器

文字拓，登録號440238.4.22，一頁

全形拓，登録號00995.1.24，一開

附録

奠（鄭）興伯鬲

八字。

劉氏舊物。

參見《簠齋金文題識》頁一六

三五

郳始鬲

01027.4.32

春秋早期

銘文字數：八

《集成》著録編號：〇〇五九六

釋文

郳始逕母鑄其羞鬲

院藏信息

文字拓，登録號01027.4.32，一頁，鈐印：簠齋藏三代器

文字拓，登録號00971.5.18，一頁，鈐印：簠齋藏三代器

文字拓，登録號440238.4.23，一頁

附録

郳始鬲

八字。

參見《簠齋金文題識》頁一六

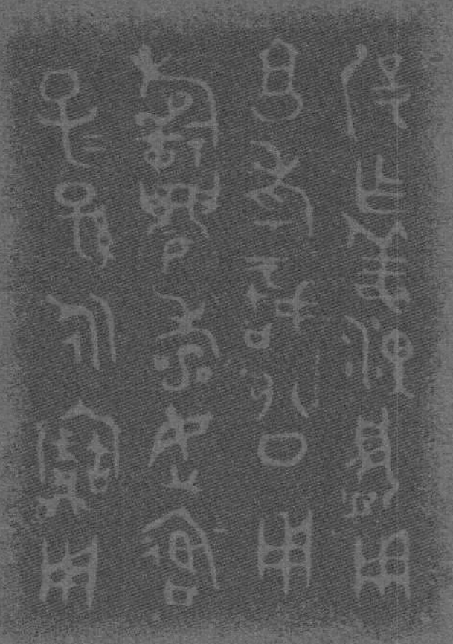

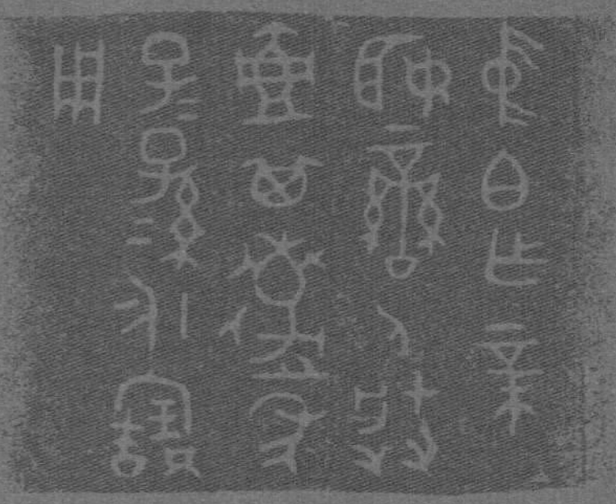

甗

伯貞甗／弭妊甗

三六

伯貞甗

01027.2.69

西周早期

銘文字數：五

《集成》著録編號：〇〇八七〇

釋文

伯貞作

肇（旅）甗

院藏信息

文字拓，登録號01027.2.69，一頁，鈐印：簠齋藏三代器

文字拓，登録號00971.5.25，一頁，鈐印：簠齋藏三代器

文字拓，登録號440238.4.20，一頁

附録

伯貞殘甗片

六字。

是器見之廠肆，是新出土，碎不可補綴者。

旅之从方，蓋㫃形之誤也，可見古㫃之形，它旅皆作二人，此从下加止，蓋從字，旅從之義也。

古㫃干上有中，㫃帛長方形，斿，横長形，㫃，有弓韣。

參見《簠齋金文題識》頁一七

三七

龏妊甗

01027.3.12

西周中期

銘文字數：五

《集成》著録編號：〇〇八七七

釋文

龏妊媵

甗

院藏信息

文字拓，登録號01027.3.12，一頁，鈐印：簠齋藏三代器

文字拓，登録號00971.5.24，一頁，鈐印：簠齋藏三代器

文字拓，登録號440238.4.21，一頁

附録

龔妊殘甗片

五字。

即媵，即嬶。

參見《簠齋金文題識》頁一六

𣪘

小子尌𣪘／文父乙𣪘／臤父癸𣪘／何戊𣪘／帆𣪘／天亡𣪘／仲𣪘／伯魚𣪘／伯魚𣪘／癸山𣪘／亯𣪘／

君夫𣪘蓋／彔作辛公𣪘／祖日庚𣪘／格伯作晉姬𣪘／城虢遣生𣪘／伯闢𣪘／己侯𣪘／伯喬父𣪘／頌𣪘蓋／

圅皇父𣪘／師害𣪘之一／師害𣪘之二／豐兮夷𣪘／妊理𣪘／环[illegible]𣪘／杞伯每亡𣪘蓋

三八

小子䍙毁

01027.4.44

商晚期

該器現藏：上海博物館

銘文字數：十六（又合文二）

《集成》著録編號：〇三九〇四

釋文

乙未，卿事

賜小子䍙貝

二百，用作父丁

尊毁。㠱

院藏信息

文字拓，登録號01027.4.44，一頁，鈐印：簠齋藏三代器、海濱病史

文字拓，登録號00971.6.09，一頁，鈐印：文字之福、簠齋藏三代器、海濱病史

附録

小子師毁器

二十一字。

小子官名，見《周禮·夏官》。

或小子師爲官，師从子異文，𠂤从二臣，與丁小農𨰮鼎同。

卿，大饗也。手執中爲史，中上作[illegible]，猶中之作[illegible]。

古似事、吏一字。而事皆作叓，未見今吏字文。

參見《簠齋金文題識》頁二〇

器底紋（01027.3.30）

銘文（01027.4.30）

三九

文父乙毁

01027.4.30 01027.3.30

商晚期

銘文字數：六

《集成》著録編號：〇三五〇二

釋文

文 父乙 卯 婦娸

院藏信息

文字拓，登録號01027.4.30（銘文）、01027.3.30（器底紋），二頁，

銘文拓本鈐印：簠齋藏三代器，器底紋拓本鈐印：海濱病史

文字拓，登録號00971.6.19（銘文）、00971.2.23（器底紋），二頁，

銘文拓本鈐印：簠齋藏三代器

全形拓，登録號00995.2.05，一開

附録

〓父乙卯毁器

六字。

底有陽識〓字，余有〓父丁爵。

參見《簠齋金文題識》頁二一四

四〇

臤父癸毁

01027.3.06

商晚期

銘文字數：三

《集成》著録編號：〇三二一三

釋文

臤　父癸

院藏信息

文字拓，登録號01027.3.06，一頁，鈐印：簠齋藏三代器

文字拓，登録號00971.6.22，一頁，鈐印：簠齋藏三代器、海濱病史

附録

商臤父癸毁

□字。

參見《簠齋金文題識》頁二五

四一

何戊毁

01027.4.53

商晚期

該器現藏：故宫博物院

銘文字數：二

《集成》著録編號：〇三〇六五

釋文

何戊

院藏信息

文字拓，登録號01027.4.53，一頁，鈐印：簠齋藏三代器

文字拓，登録號00971.6.23，一頁，鈐印：簠齋藏三代器

全形拓，登録號00095.2.03，一開

附録

商子戊毁器

器有乳。

二字。子荷瞿形。

參見《簠齋金文題識》頁二五

四二

帆毁

01027.2.47

商晚期

該器現藏：故宫博物院

銘文字數：一

《集成》著録編號：〇二九一九

釋文

帆（藝）

（編者注：按今釋文，銘文拓片應倒置）

院藏信息

文字拓，登録號01027.2.47，一頁，鈐印：簠齋藏三代器

文字拓，登録號00971.6.26，一頁，鈐印：簠齋藏三代器

全形拓，登録號00995.1.15，一開

附録

雙鳳集木毁器

一字，鳳皇雌雄相向形。

參見《簠齋金文題識》頁二六

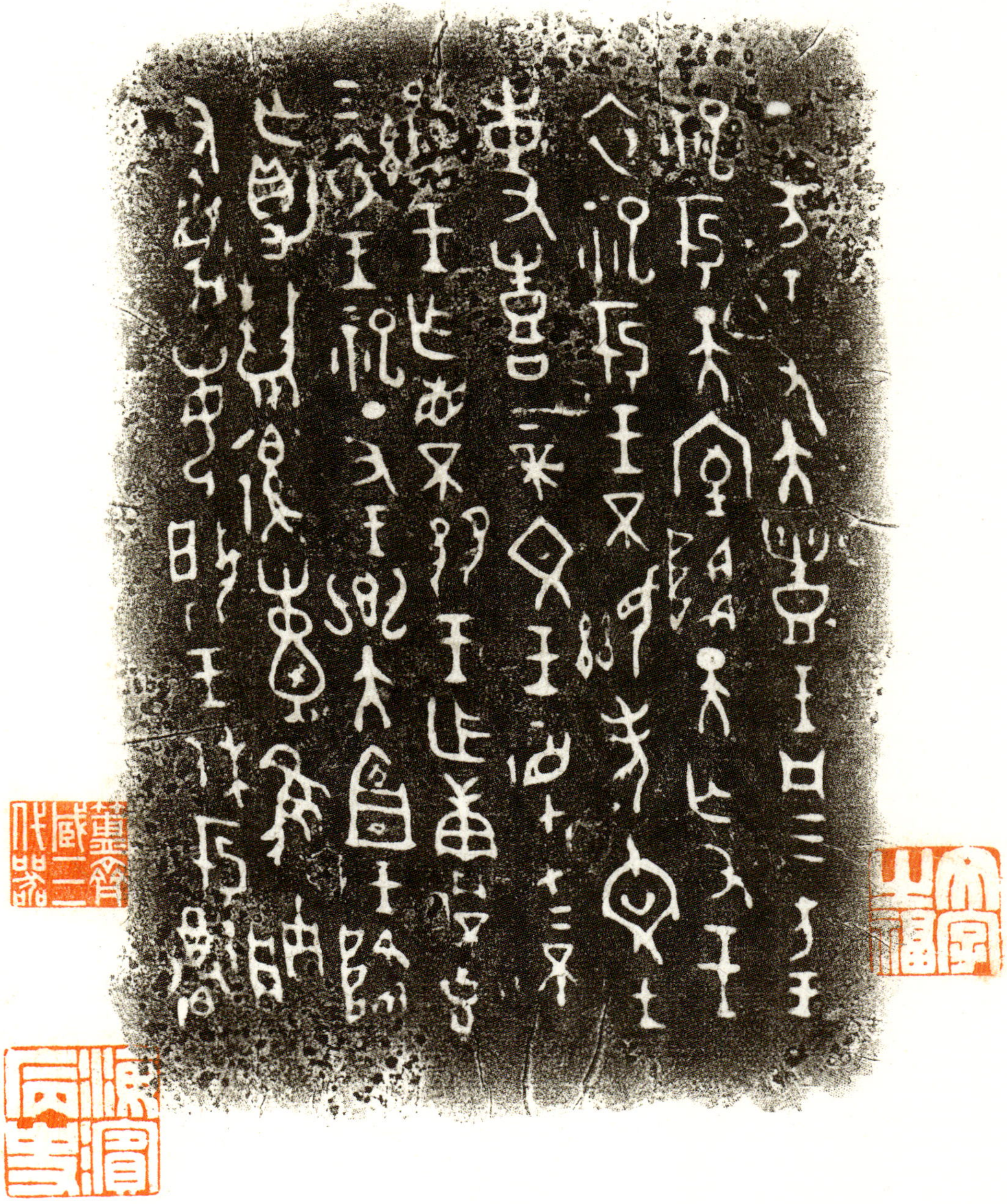

四三

天亡𣪘 01027.4.08

西周早期
該器現藏：中國國家博物館
銘文字數：七十六（又合文一）
《集成》著録編號：〇四二六一

釋文

乙亥，王又（有）大豊（禮），王同三方。王祀于天室，降，天亡又（尤）。王卒祀，于王不（丕）顯考文王，事喜（饎），帝（禘）。文王監在上。不（丕）顯王作眚（笙），不（丕）緣（肆）王作庸，不（丕）克乞（迄）卒王祀。丁丑，王鄉（饗）大宜，王降，亡助（敗），盩退賣。唯朕（駿）有蔑，每（敏）揚王休于尊。白

院藏信息

文字拓，登録號01027.4.08，一頁，鈐印：文字之福、簠齋藏三代器、海濱病史
文字拓，登録號00971.6.01，一頁，鈐印：文字之福、簠齋藏三代器、海濱病史
全形拓，登録號00995.2.07，一開

附録

聃𣪘器
四耳方坐，匽齋之寶。
七十一字。
聃，武王同母弟八，年最少者。毛伯聃、聃季一人。與毛公鼎同出關中。
參見《簠齋金文題識》頁一七

器底龍紋（01027.3.18）

銘文（01027.4.39）

四四

仲毁

01027.4.39 01027.3.18

西周早期

銘文字數：十

《集成》著録編號：〇三七二三

釋文

仲作寶尊彝，

其萬年永用。

院藏信息

文字拓，登録號01027.4.39（銘文）、01027.3.18（器底龍紋），二頁，銘文拓本鈐印：簠齋藏三代器，器底龍紋拓本鈐印：海濱病史

文字拓，登録號00971.6.18，一頁，鈐印：簠齋藏三代器

全形拓，登録號00995.2.06，一開

附録

中毁器

底有龍文。

十字。

參見《簠齋金文題識》頁二一三至二一四

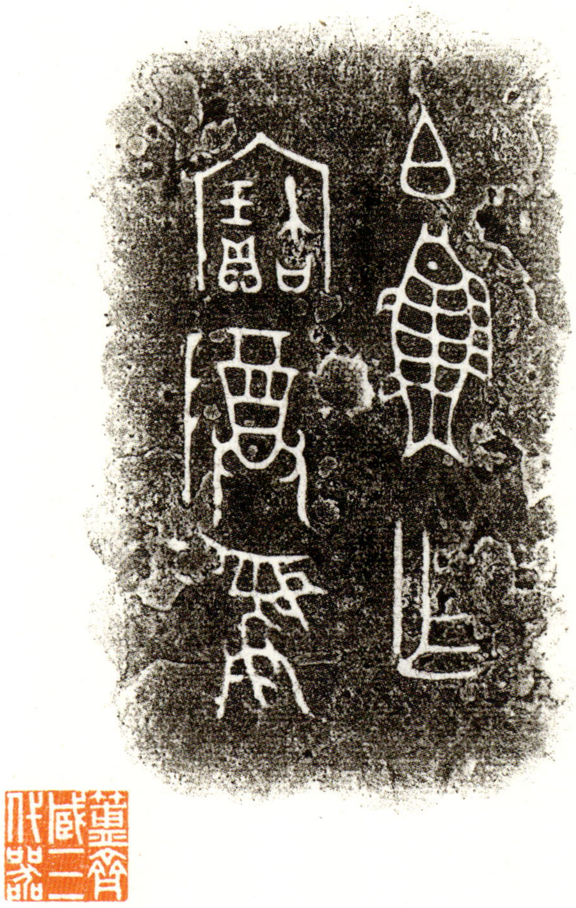

器銘（01027.4.66.1）

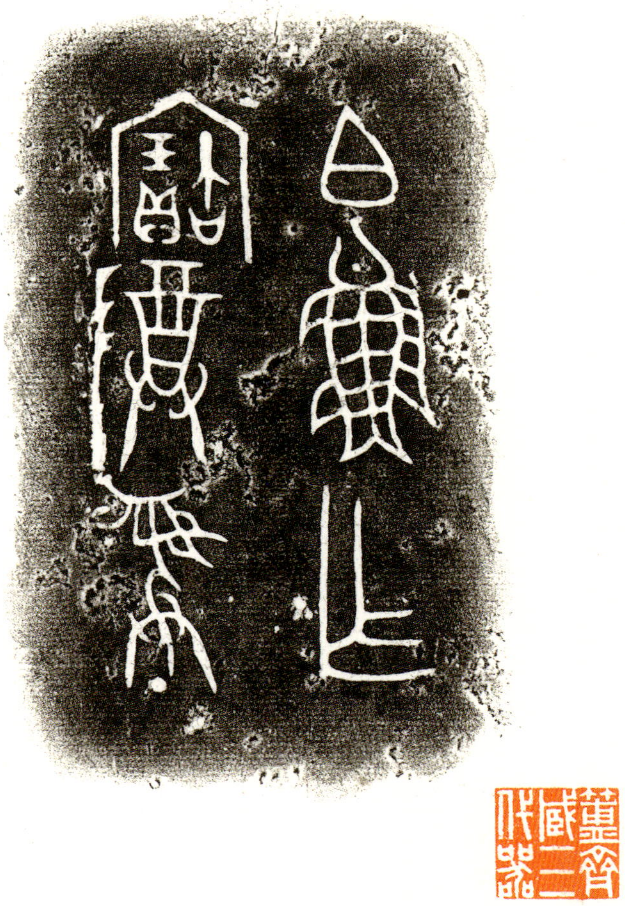

蓋銘（01027.4.66.2）

四五

伯魚𣪘

01027.4.66

西周早期

該器現藏：上海博物館

銘文字數：六（蓋、器同銘）

《集成》著録編號：〇三五三五

釋文

伯魚作

寶尊彝

院藏信息

文字拓，登録號01027.4.66.1（器銘）、01027.4.66.2（蓋銘），二頁，鈐印：簠齋藏三代器（蓋銘、器銘同）

文字拓，登録號00971.6.21.1（蓋銘）、00971.6.21.2（器銘），二頁，器銘拓本鈐印：簠齋藏三代器

全形拓，登録號00995.1.09，一開

附録

伯魚𣪘器、伯魚𣪘蓋

制作莊古。

器蓋各六字。

出易州。

參見《簠齋金文題識》頁二四

四六

伯魚毁

01027.4.65

西周早期

銘文字數：六

《集成》著録編號：〇三五三四

釋文

伯魚作

寶尊彝

院藏信息

文字拓，登録號01027.4.65，一頁，鈐印：簠齋藏三代器

文字拓，登録號00971.6.20，一頁

附録

伯魚毁殘器

六字。

鼎毁同出，一勺無字。

參見《簠齋金文題識》頁二四

四七

癸山毁

01027.4.54

西周早期

該器現藏：美國華盛頓賽克勒美術館

銘文字數：二

《集成》著録編號：〇三〇七〇

釋文

癸 山

院藏信息

文字拓，登録號01027.4.54，一頁，鈐印：簠齋藏三代器

文字拓，登録號00971.6.24，一頁，鈐印：簠齋藏三代器

全形拓，登録號00995.2.04，一開

附録

商癸山毁器

有乳。以上二毁（編者注：何戊毁、癸山毁）同出。二字。

參見《簠齋金文題識》頁二五

四八

亯毁

01027.3.07

西周早期

該器現藏：捷克共和國布拉格國立美術館

銘文字數：一

《集成》著録編號：〇二九八七

釋文

亯

院藏信息

文字拓，登録號01027.3.07，一頁，鈐印：簠齋藏三代器

文字拓，登録號0971.6.25，一頁

附録

商廟形（重屋）毁器

百乳。

一字，自是宗廟形，上字下臺也。

得之濰市，似非齊出。

參見《簠齋金文題識》頁二五至二六

四九

君夫毁蓋 01027.4.27

西周中期

該器現藏：天津博物館

銘文字數：四十二（又重文二）

《集成》著録編號：〇四一七八

釋文

唯正月初吉，乙亥，王在
康宫大室。王命君夫
曰：償求乃友。君夫敢
妦（奉）揚王休，用作文父
丁䵼彝。子子孫孫其永用之。

院藏信息

文字拓，登録號01027.4.27，一頁，鈐印：簠齋藏三代器

文字拓，登録號00971.6.03，一頁，鈐印：簠齋藏三代器、海濱病史

全形拓，登録號00995.2.12，一開

附録

君夫毁蓋

四十四字。王朝書。

君夫之祖父爲康王臣，故在康宫命之，康王之子之後同，他放此。堯舜禪禹受亦皆于廟，蓋古禮矣。

償見《説文》。□自是求，以手振裘之象與。□自是友，友當是官名，如太史友、内史友也。

參見《簠齋金文題識》頁一八

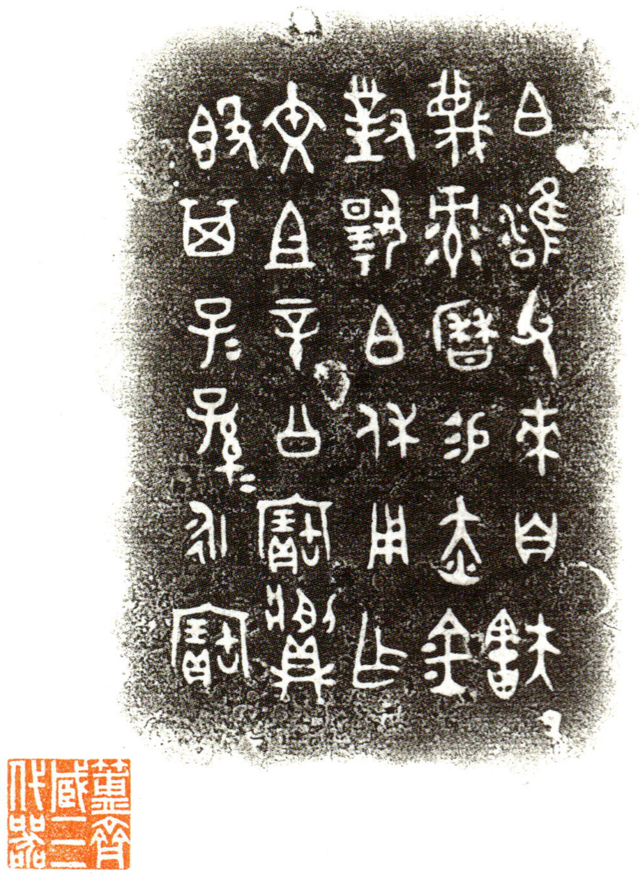

蓋銘（01027.3.01.1）

器銘（01027.3.01.2）

五〇

彔作辛公毀

01027.3.01

西周中期

該器現藏：日本京都泉屋博古館

銘文字數：三十（蓋、器同銘，又重文二）

《集成》著録編號：〇四一二二

釋文

伯雍父來自㝬（胡），
蔑彔曆，賜赤金。
對揚伯休，用作
文祖辛公寶𩰫
毀。其子子孫孫永寶。

院藏信息

文字拓，登録號01027.3.01.1（蓋銘）、01027.3.01.2（器銘），二頁，

鈐印：簠齋藏三代器（蓋銘、器銘同）

文字拓，登録號00971.6.05.1（蓋銘）、00971.6.05.2（器銘），二頁，

鈐印：簠齋藏三代器（蓋銘、器銘同）

全形拓，登録號00095.2.08，一開

附録

彔毀器、彔毀蓋

器蓋各三十六字，器有泐。王朝書。

淮字見鄀伯𩃬簠，作器者名彔。

福山王廉生農部懿榮寄余𠭯鼎文，亦曰師淮父𢓊𧗠（相道）至于舒，

是一時一事所作，蓋彼往而此歸也。曰師曰伯，蓋彼官而此字也。

淮从口，見鄀伯𩃬簠。

參見《簠齋金文題識》頁一九

五一

祖日庚毁

01027.4.58

西周中期

該器現藏：上海博物館

銘文字數：二十（又重文一）

《集成》著録編號：〇三九九一

釋文

祖日庚，乃孫作寶

毁，用世享孝，其

子子孫其永寶用。辜

院藏信息

文字拓，登録號01027.4.58，一頁，鈐印：簠齋藏三代器、海濱病史

文字拓，登録號0971.6.10，一頁，鈐印：簠齋藏三代器、海濱病史

附録

商祖庚乃孫毁器

二十一字。

字已近周。諸从者，苾从必，餕从夋。祖庚之孫，其馮辛與。古器不名者亦僅見。乃祖乃父乃孫，商誥文也。

參見《簠齋金文題識》頁二一

五二

格伯作晉姬毁 01027.4.72

西周中期

該器現藏：故宫博物院

銘文字數：十八（又重文二）

《集成》著録編號：〇三九五二

釋文

唯三月初吉，格
伯作晉姬寶毁。
子子孫孫其永寶用。

院藏信息

文字拓，登録號01027.4.72，一頁，鈐印：簠齋藏三代器

文字拓，登録號00971.6.11，一頁

全形拓，登録號00995.1.12，一開

附録

格伯毁器

有蓋無銘。

二十字。

參見《簠齋金文題識》頁二一

五三

城虢遣生毁

01027.3.15

西周中期

銘文字數：十五

《集成》著録編號：〇三八六六

釋文

𩏂（城）虢遣生作
旅毁。其萬年，
子孫永寶用。

院藏信息

文字拓，登録號01027.3.15，一頁，鈐印：簠齋藏三代器

文字拓，登録號00971.6.12，一頁，鈐印：簠齋藏三代器

全形拓，登録號00995.1.14，一開

附録

城虢遣生作毁器

兩耳三足損。

十五字。

城虢者召伯與，遣生其屬與。周造邦，如洛如申，
皆召公、召伯主之。

參見《簠齋金文題識》頁二一

五四

伯闢毁

01027.4.57

西周中期

銘文字數：十二（又重文二）

《集成》著録編號：〇三七七三

釋文

伯闢作尊毁，其
子子孫孫萬年寶用。

院藏信息

文字拓，登録號01027.4.57，一頁，鈐印：簠齋藏三代器

文字拓，登録號00971.6.14，一頁，鈐印：簠齋藏三代器

附録

伯閼殘毁器

十四字。

閼同盂鼎，釋闢。

南中燹爐，得之銅市，拘攣欲鎔盡矣。

參見《簠齋金文題識》頁二二

蓋銘（01027.4.06）

器銘（01027.2.64）

五五

己侯毁

01027.4.06 01027.2.64

西周中期

該器現藏：上海博物館

銘文字數：十二（蓋、器同銘，又重文一）

《集成》著録編號：〇三七七二

釋文

己（紀）侯作姜
縈毁。子子孫
其永寶用。

院藏信息

文字拓，登録號01027.4.06（蓋銘）、01027.2.64（器銘），
二頁，鈐印：簠齋藏三代器（蓋銘、器銘同）
文字拓，登録號00971.6.15.1（蓋銘）、00971.6.15.2（器銘），
二頁，鈐印：簠齋藏三代器（蓋銘、器銘同）
全形拓，登録號00995.1.10，一開

附録

己（紀）侯毁器、己侯毁蓋
器耳有二環。
器蓋各十三字。
己，古紀字。艾，少艾，與艾伯鬲作※同。
參見《簠齋金文題識》頁二一二至二一三

五六

伯喬父毀

01027.4.51

西周中期

銘文字數：一一（又重文二）

《集成》著録編號：〇三七六二

釋文

伯喬父作□（飤）

毀，子子孫孫永寶用。

院藏信息

文字拓，登録號01027.4.51，一頁，鈐印：簠齋藏三代器

文字拓，登録號00971.6.17，一頁，鈐印：簠齋藏三代器

全形拓，登録號00995.1.13，一開

附録

伯喬父毀器

十三字。字口有損。

□，古天字，高下从□，今多以爲京、亭字。字見潘伯寅少農供奉所藏邰伯𩣲鐘字中。

參見《簠齋金文題識》頁二三

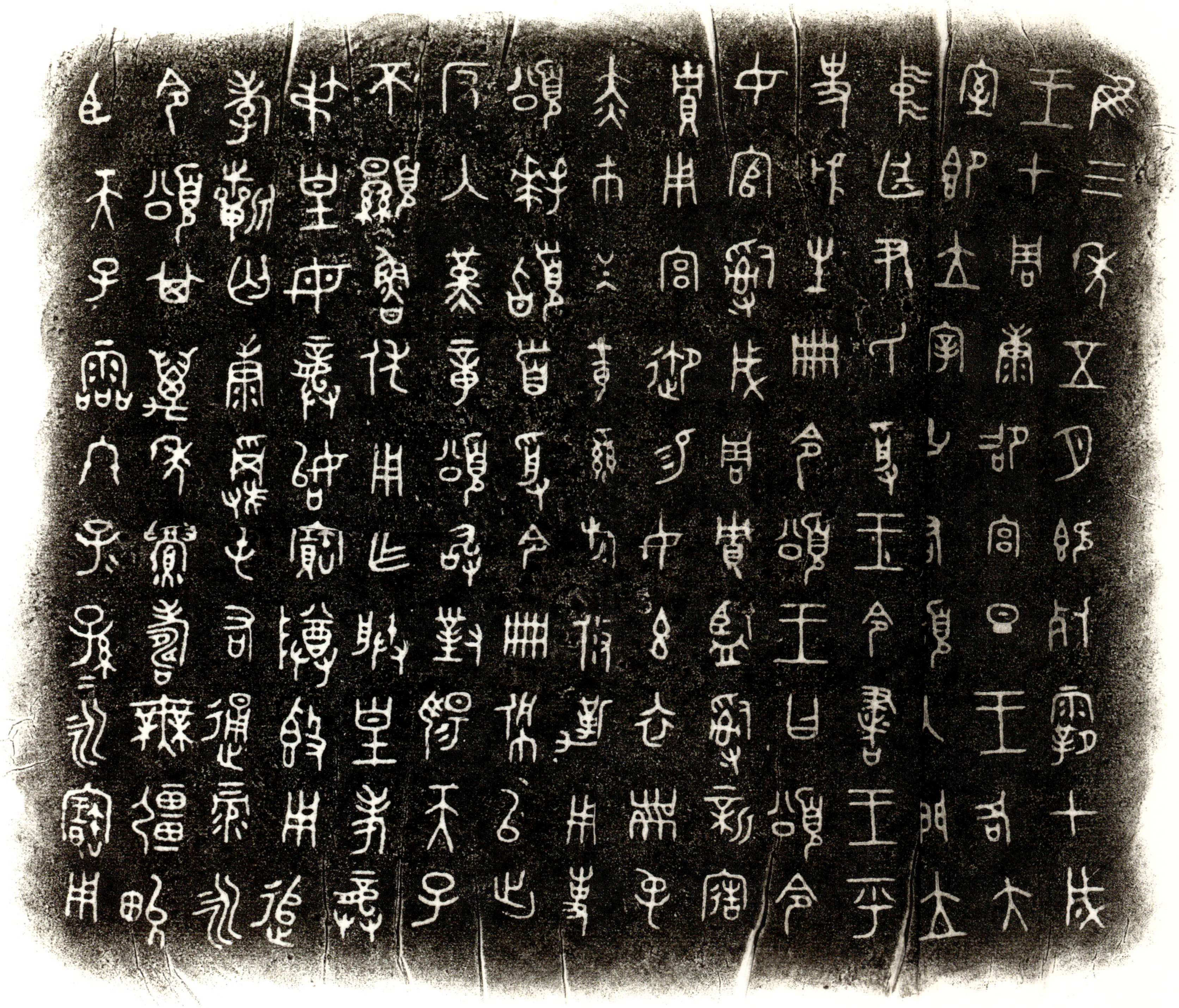

五七

頌毀蓋

00971.6.02

西周晚期
該器現藏：上海博物館
銘文字數：一百五十（又重文二）
《集成》著録編號：〇四三三八

釋文

唯三年五月既死霸，甲戌，
王在周康卲（昭）宫，旦，王各（格）大
室，即立（位）。宰引右（佑）頌入門，立
中廷。尹氏受（授）王令（命）書。王呼
史虢生册命頌，王曰：「頌，令（命）
汝官嗣成周賈，監嗣新造
賈，用宫御。賜汝玄衣黹純、
赤市朱黄（衡）、䜌（鑾）旂鋚勒，用事。」
頌拜稽首，受令（命）册，佩以出，
反（返）入堇（瑾）璋。頌敢對揚天子
不（丕）顯魯休，用作朕皇考龏
叔、皇母龏姒寶尊毀，用追
孝，祈匄康𩛥純右（祐），通禄永
令（命）。頌其萬年眉壽無疆，畯
臣天子，靈冬（終），子子孫孫永寶用。

院藏信息

文字拓，登録號00971.6.02，一頁
全形拓，登録號00995.1.11，二開

附録

頌毀蓋
一百五十二字。王朝書。
凡金文述王命前後皆記事，皆與書體例同。立皆當釋位，非如字。
頌，古容字，公亦容也。頌古作[illegible]。
參見《簠齋金文題識》頁一八

器銘（01027.4.21.1）

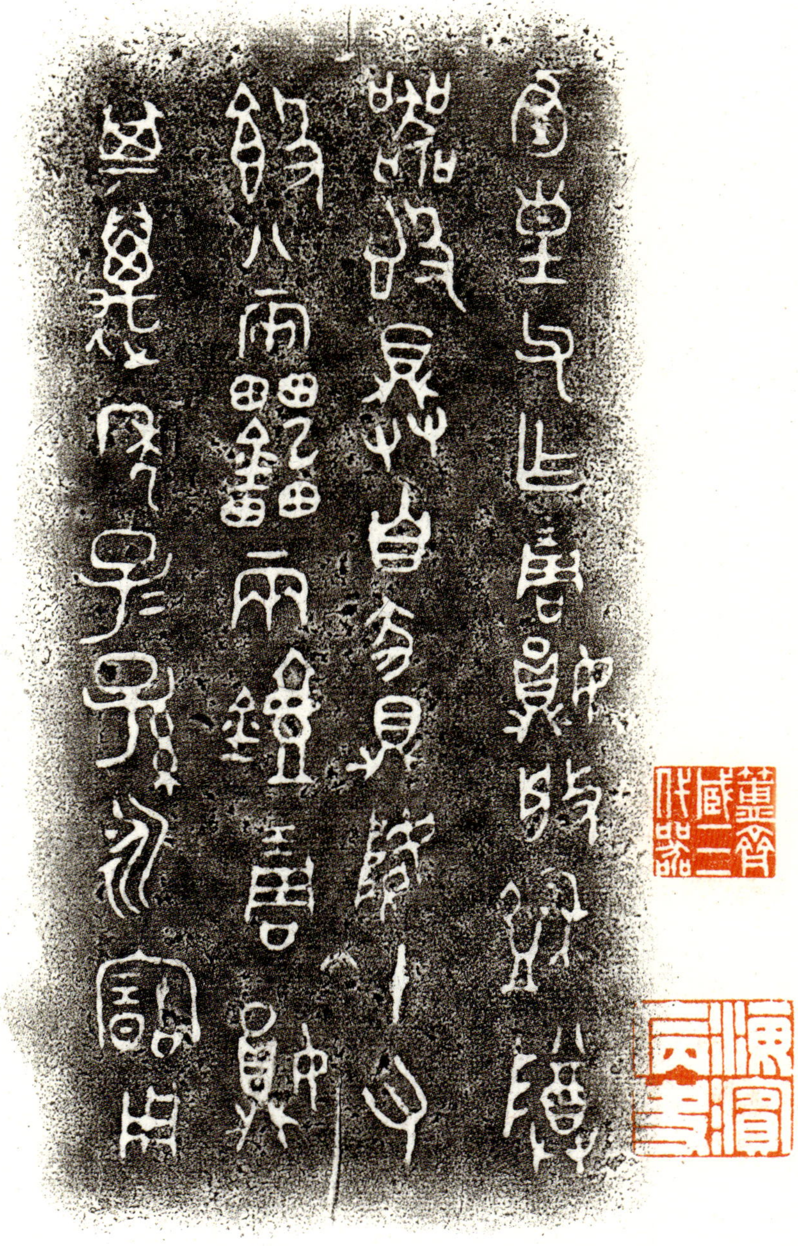

蓋銘（01027.4.21.2）

五八

函皇父毁 01027.4.21

西周晚期

該器現藏：日本奈良天理參考館

銘文字數：三十四（蓋、器同銘，又蓋重文一、器重文二）

《集成》著録編號：〇四一四一

蓋釋文

函皇父作琱（周）娟（妘）般（盤）盉尊器毁[二]鼎（具），自豕鼎降十又[二]毁八，兩罍、兩壺。周娟（妘）其萬年，子子孫永寶用。

器釋文

函皇父作琱（周）娟（妘）般（盤）盉尊器毁[二]鼎（具），自豕鼎降十又[二]毁八，兩罍、兩壺。周娟（妘）其萬年，子子孫孫永寶用。

（編者注：蓋、器釋文中「二」字，均據盤銘補）

院藏信息

文字拓，登録號01027.4.21.2（蓋銘）、01027.4.21.1（器銘），二頁，鈐印：簠齋藏三代器、海濱病史（蓋銘、器銘同）

文字拓，登録號00971.6.04.1（蓋銘）、00971.6.04.2（器銘），二頁

全形拓，登録號00995.3.14，一開

附録

函（閻）皇父毁器、函皇父毁蓋

器蓋各三十六字。

皇父見《詩》。

用之作啚乃加王，如盂鼎之文武玟珷，召伯毁鼎之太保作[illegible]，皆加王見義，字不得以爲从玉之琱也。

銘中所言之器，想俱同出而不知所在。

參見《簠齋金文題識》頁一八至一九

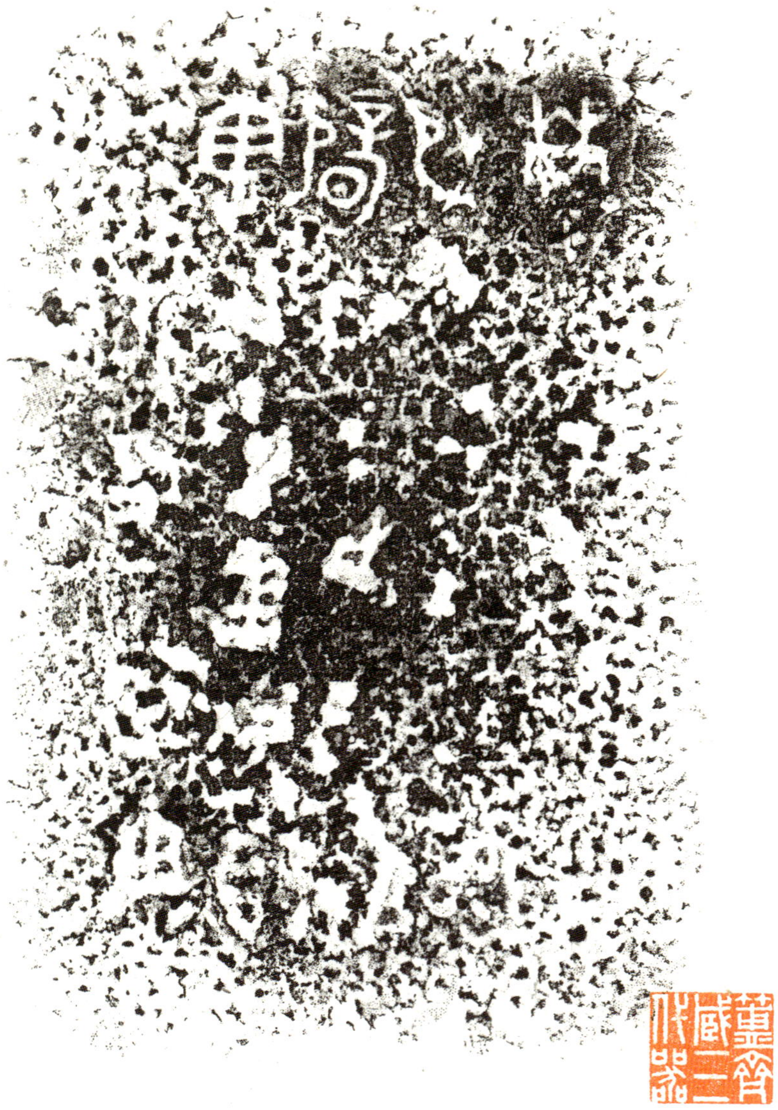

器銘（01027.3.22）

蓋銘（01027.4.49）

五九

師害毁 之一 01027.3.22 01027.4.49

西周晚期

銘文字數：二十九（蓋、器同銘，又重文二）

《集成》著録編號：〇四一一六

釋文

麋生曶父師害
及仲曶，以召（紹）其
辟，休，氒（又、有）成事。師
害作文考尊毁，
子子孫孫永寶用。

（編者注：釋文中「氒」應爲「又」的誤寫，參見田煒《西周金文字詞關係研究》，上海古籍出版社，二〇一六年，第三一三至三一八頁。「師害毁之二」同）

院藏信息

文字拓，登録號01027.3.22（器銘）、01027.4.49（蓋銘），二頁，
鈐印：簠齋藏三代器（器銘、蓋銘同）
文字拓，登録號00971.6.06.1（器銘）、00971.6.07.2（蓋銘），二頁
全形拓，登録號00995.2.09，一開

附録

師害毁器、師害毁蓋
器、蓋各三十一字。
出齊東。
[illegible]，奇字。文考亦異它字。
參見《簠齋金文題識》頁一九至二〇

蓋銘（01027.4.50）

器銘（01027.3.21）

六〇

師害𣪘 之二 01027.4.50 01027.3.21

西周晚期
銘文字數：二十九（蓋、器同銘，又重文二）
《集成》著録編號：〇四一一七

釋文

麇生曶父師害
及仲曶，以召（紹）其
辟，休，氒（又、有）成事。師
害作文考尊𣪘，
子子孫孫永寶用。

院藏信息

文字拓，登録號01027.4.50（蓋銘）、01027.3.21（器銘），二頁，
鈐印：簠齋藏三代器（蓋銘、器銘同）
文字拓，登録號0971.6.06.2（蓋銘）、0971.6.07.1（器銘），二頁，
鈐印：簠齋藏三代器（蓋銘、器銘同）
全形拓，登録號00995.2.10，一頁

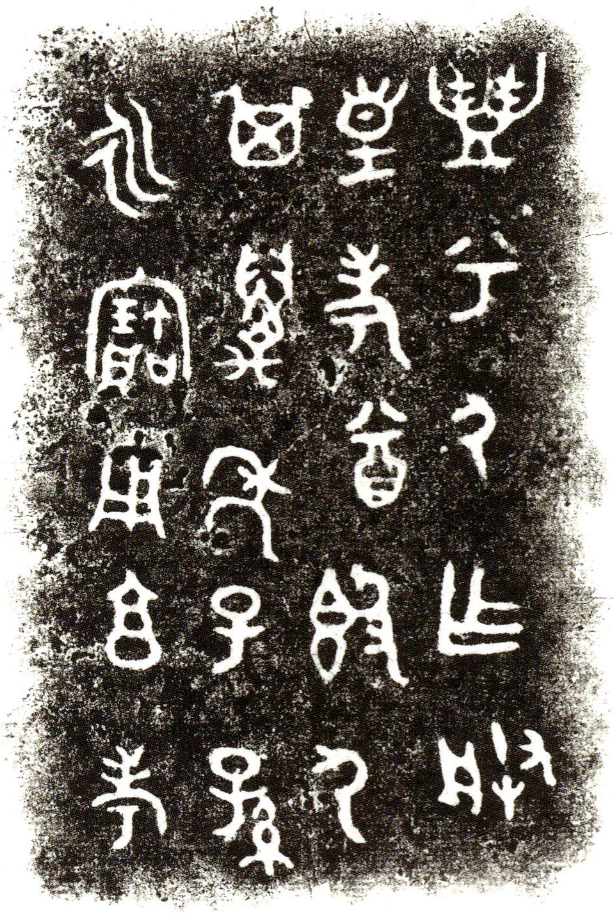

蓋銘（01027.3.19.2）

器銘（01027.3.19.1）

六一

豐兮夷毁

01027.3.19

西周晚期

銘文字數：二十（蓋、器同銘，又器重文二）

《集成》著録編號：〇四〇〇二

蓋釋文

豐兮尸（夷）作朕
皇考酉（尊）毁，尸（夷）
其萬年，子孫
永寶用享孝。

器釋文

豐兮尸（夷）作朕
皇考尊毁，尸（夷）
其萬年，子子孫孫
永寶用享孝。

院藏信息

文字拓，登録號01027.3.19.2（蓋銘）、01027.3.19.1（器銘），一頁，鈐印：簠齋藏三代器（蓋銘、器銘同）

文字拓，登録號00971.6.08.1（蓋銘）、00971.6.08.2（器銘），一頁，器銘拓本鈐印：簠齋藏三代器

全形拓，登録號00995.2.11，一開

附録

豐兮夂毁器、豐兮夂毁蓋
器二十二字，蓋二十字。
張叔未亦有一器，似器蓋互易。
參見《簠齋金文題識》頁二〇

六二

⿰女弋⿱理女毁

01027.4.40

西周晚期

銘文字數：十四（又重文二）

《集成》著録編號：〇三八四五

釋文

⿰女弋⿱理女（理）母作南旁寶毁，子子孫孫其永寶用。

院藏信息

文字拓，登録號01027.4.40，一頁，鈐印：簠齋藏三代器、平生有三代文字之好

文字拓，登録號00971.6.13，一頁，鈐印：簠齋藏三代器、平生有三代文字之好

附録

⿰女攵句母毁器

十六字。有闌。

⿰女攵句即鉤弋。

⿰女攵，《説文》婦官也。⿰女攵似句，从手从里，或即句之異文、繁文而同鉤。漢鉤⿰女弋夫人居鉤⿰女弋宫，《漢書》亦作弋。三⿰女弋見《北史·周紀》、《隋書·禮儀志》。南，國名，又姓。旁，人名。⿰女弋，此从母。

參見《簠齋金文題識》頁一二二

六三

伓□𣪕

01027.4.03

西周

該器現藏：故宫博物院

銘文字數：七

《集成》著録編號：〇三六二三

釋文

伓□作父卯寶𣪕

院藏信息

文字拓，登録號01027.4.03，一頁，鈐印：簠齋藏三代器

文字拓，登録號00971.6.16，一頁，鈐印：簠齋藏三代器

附録

□□𣪕器

器精字殘。

七字。

第二字晉公盦𣪕中有之，小異。

參見《簠齋金文題識》頁二三

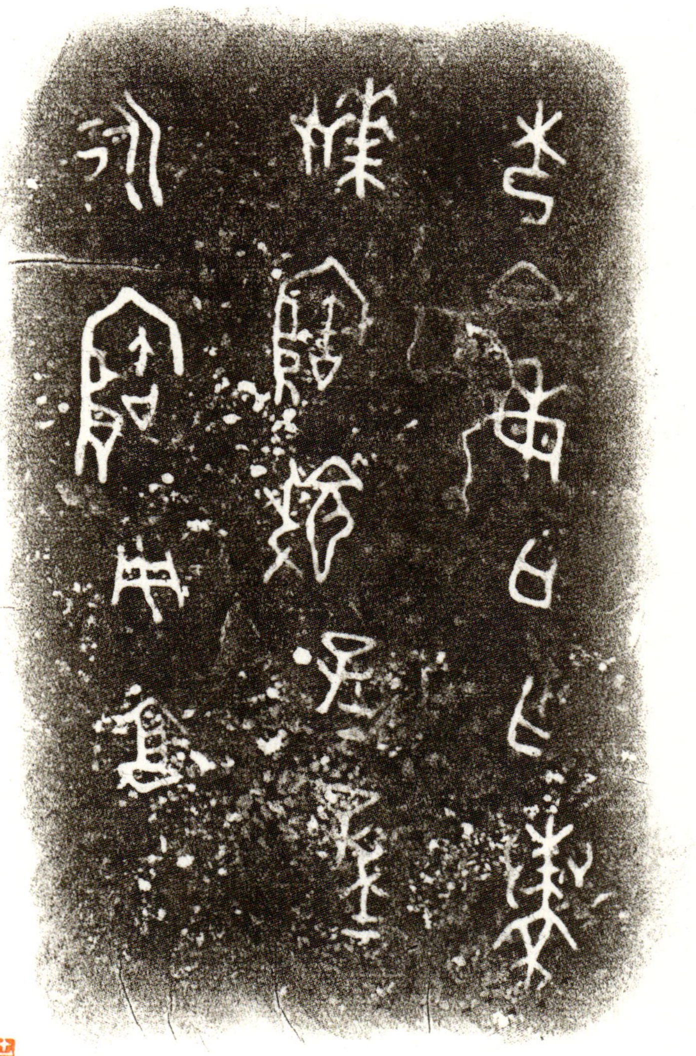

六四

杞伯每𠤎毁蓋 01027.4.23

春秋早期

該器現藏：上海博物館

銘文字數：十五（又重文二）

《集成》著録編號：〇三八九九

釋文

杞伯每𠤎作邾
媾（曹）寶毁，子子孫孫
永寶用享。

院藏信息

文字拓，登録號01027.4.23，一頁，鈐印：簠齋藏三代器

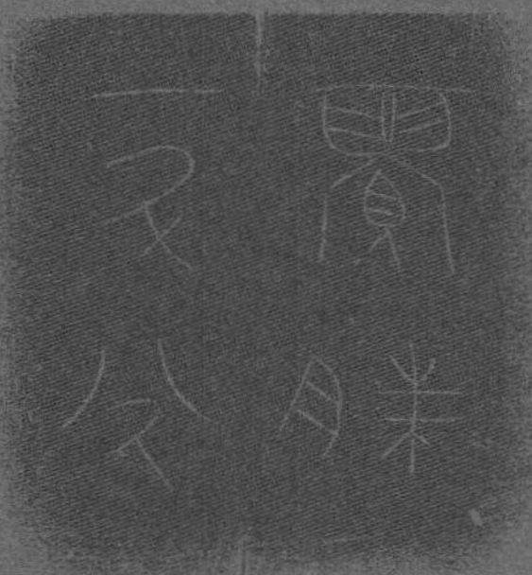

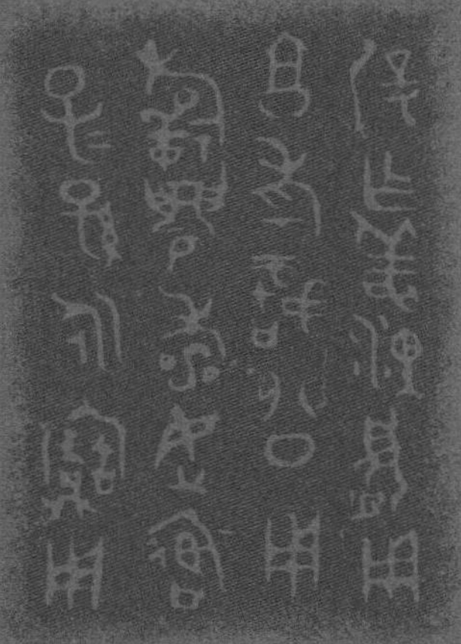

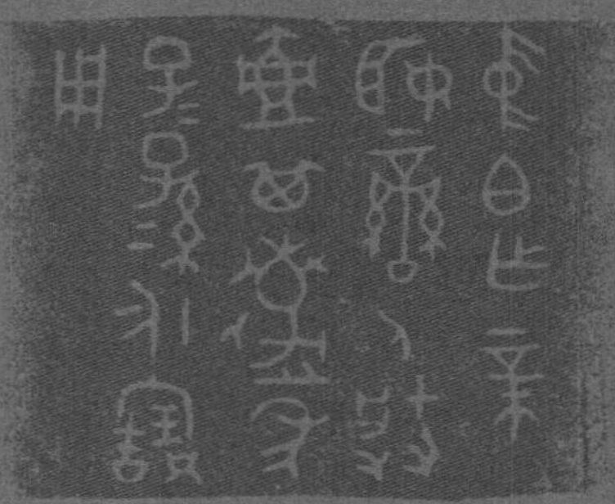

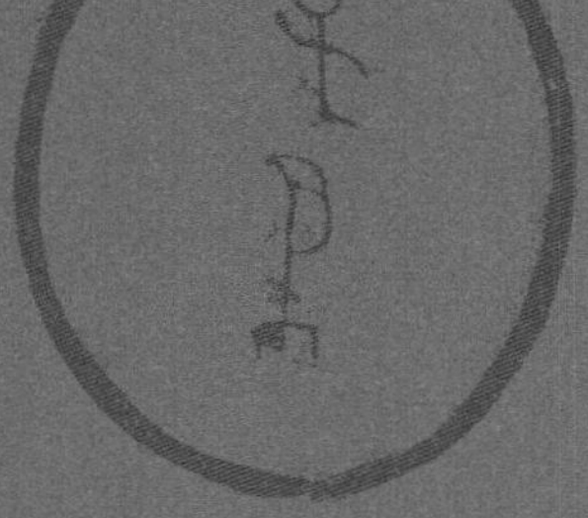

盨

遅盨

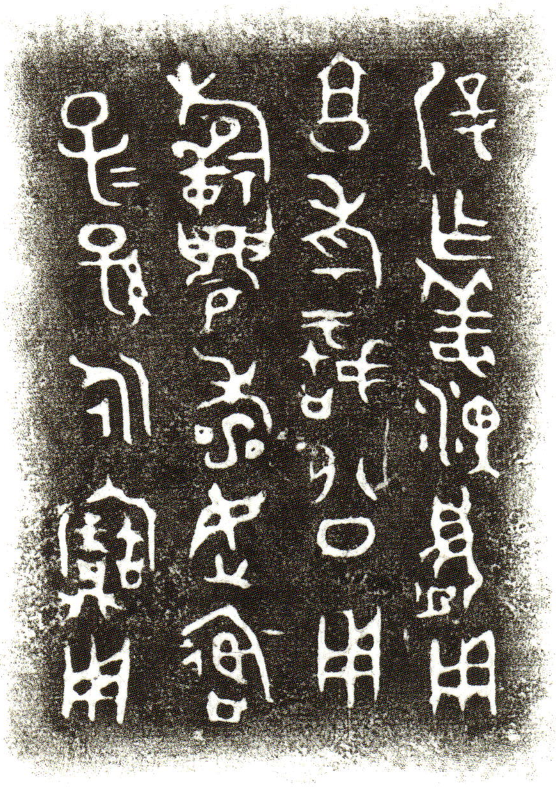

蓋銘（01027.3.14.1）

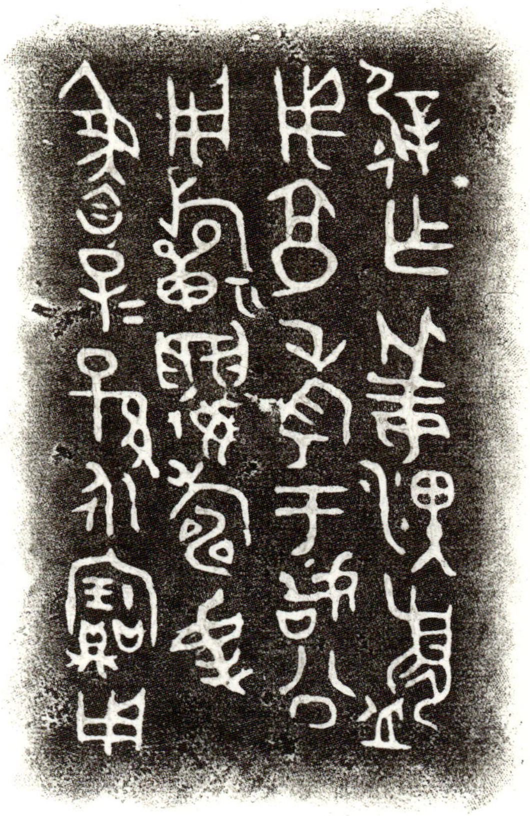

器銘（01027.3.14.2）

六五

遅盨

01027.3.14

西周晚期

該器現藏：山東省博物館

銘文字數：二十二（蓋、器同銘，又重文一）

《集成》著録編號：〇四四三六

蓋釋文

遅作姜淠盨，用

享孝于姑公，用

祈眉壽純魯，

子子孫永寶用。

器釋文

遅作姜淠盨，

用享孝于姑公，

用祈眉壽純

魯，子子孫永寶用。

院藏信息

文字拓，登録號01027.3.14.1（蓋銘）、01027.3.14.2（器銘），二頁，鈐印：簠齋藏三代器（蓋銘、器銘同）

文字拓，登録號00971.5.23（蓋銘），一頁，鈐印：簠齋藏三代器

全形拓，登録號00995.4.29，一開

附録

遅簋器、遅簋蓋

二十三字。

十六長樂堂物。考、孝通。姑公，公姑也。純魯字，器蓋不甚同。器作[illegible]，蓋作[illegible]。

參見《簠齋金文題識》頁二八至二九

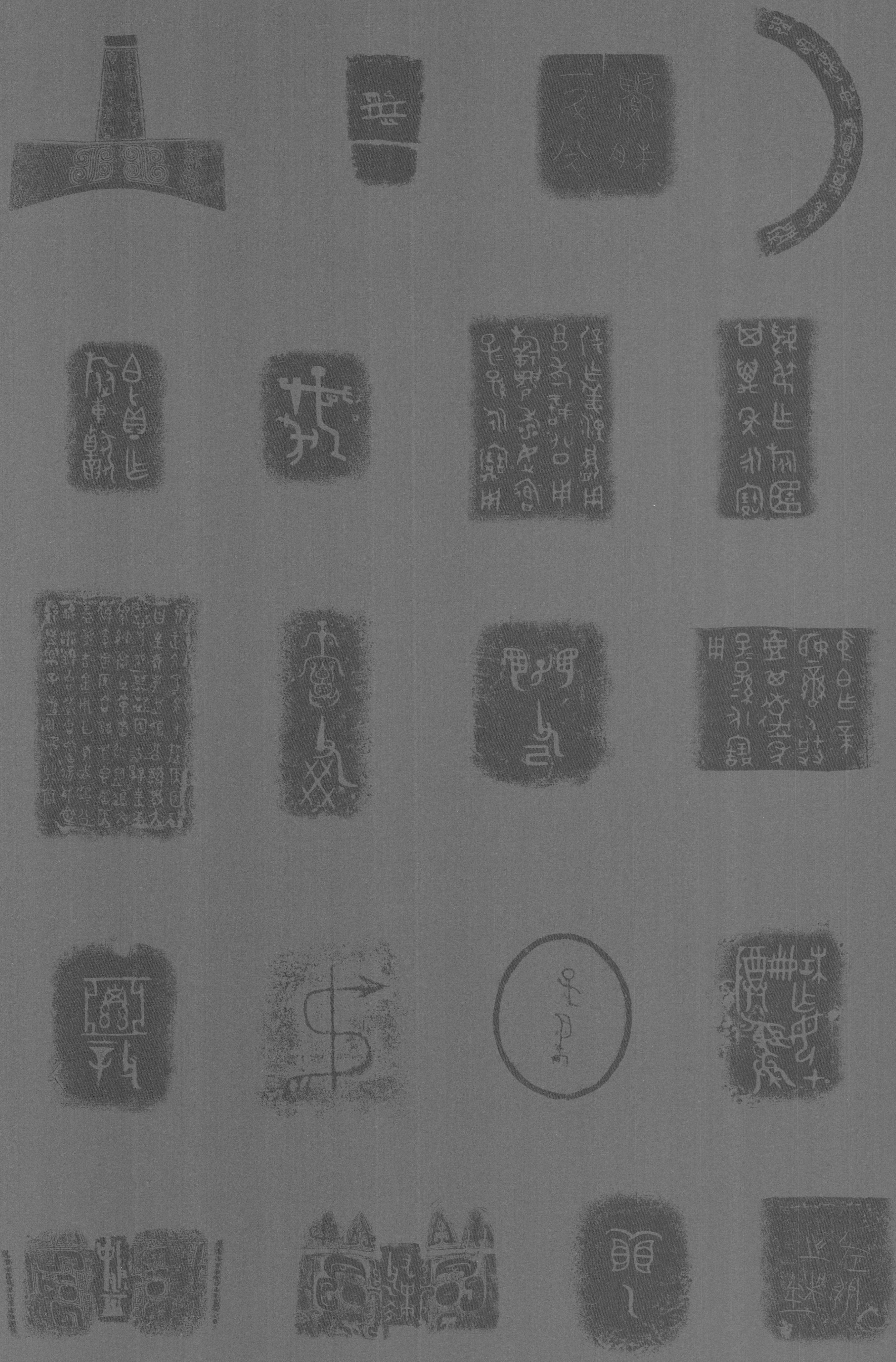

六九

鄦子妝簠蓋

01027.4.56

春秋

該器現藏：上海博物館

銘文字數：三十一（又重文二）

《集成》著録編號：〇四六一六

釋文

唯正月初吉，丁亥，鄦（許）子妝擇其吉金，用鑄其𠤳（簠），用媵孟姜秦嬴。其子子孫孫永保用之。

院藏信息

文字拓，登録號01027.4.56，一頁，鈐印：簠齋藏三代器、海濱病史

文字拓，登録號00971.5.20，一頁，鈐印：簠齋藏三代器、海濱病史

文字拓，登録號440238.4.17，一頁

全形拓，登録號00995.2.16，一開

附録

鄦（許）子壯簠

三十一字。

子苾爲余購之閻帖軒。

參見《簠齋金文題識》頁二七至二八

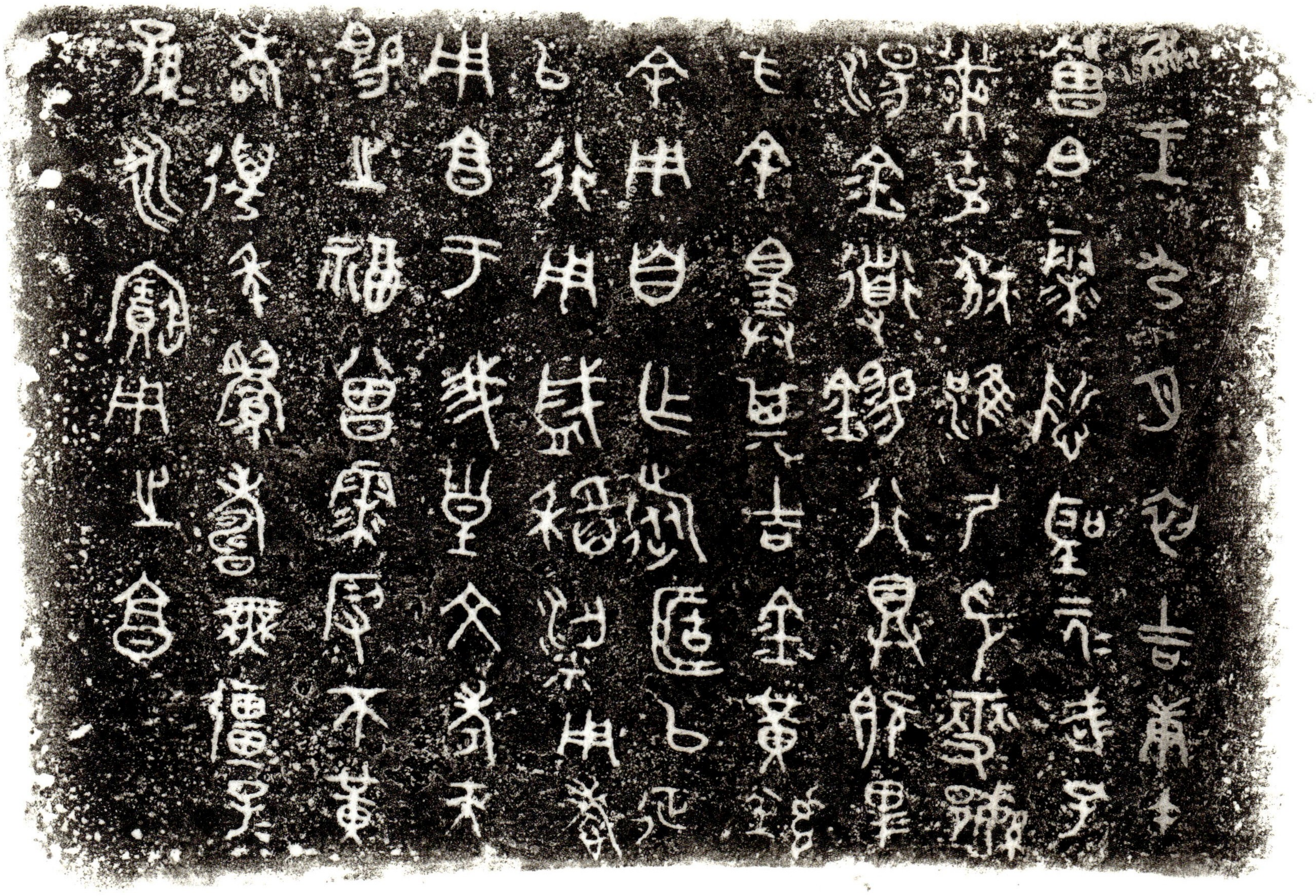

六八

曾伯霥簠蓋

00971.5.19

春秋早期
該器現藏：中國國家博物館
銘文字數：八十六（又重文四）
《集成》著録編號：〇四六三二

釋文

唯王九月初吉，庚午，
曾伯霥哲聖元武，元武孔
黹，克狄淮尸（夷），印（抑）燮緐（繁）
湯（陽），金道錫行，具（俱）既卑（俾）
方。余擇其吉金黄鏞，
余用自作旅匿（簠），以征
以行，用盛稻粱，用孝
用享于我皇文考。天
賜之福，曾霥叚不黄
耇，萬年眉壽無疆，子子
孫孫永寶用之享。

院藏信息

文字拓，登録號00971.5.19，一頁
文字拓，登録號440238.4.15，一頁
全形拓，登録號00995.2.14，一開

附録

曾（鄫）伯霥簠
九十字。
書如石鼓。阮録乃器，此蓋。會，簠蓋也，見《儀禮》。
與慈溪葉夢漁湖海閣所藏當是一器。
徐籀莊云此是會。會，簠蓋也。
器作于周襄王七年丁丑，魯僖公十六年時。《左》僖十六年傳，會于
淮，謀鄫且東略也。注：鄫爲淮夷病。故事又見《魯頌·泮水》狄彼
東南及鄭氏詩譜。
子而曰伯，或伯仲文。
鄫以魯與諸侯力伐淮夷而作器，自悊聖元武。
參見《簠齋金文題識》頁二七

簋

蛣公諴簋／虢叔簋／曾伯桼簋蓋／鄦子妝簋蓋

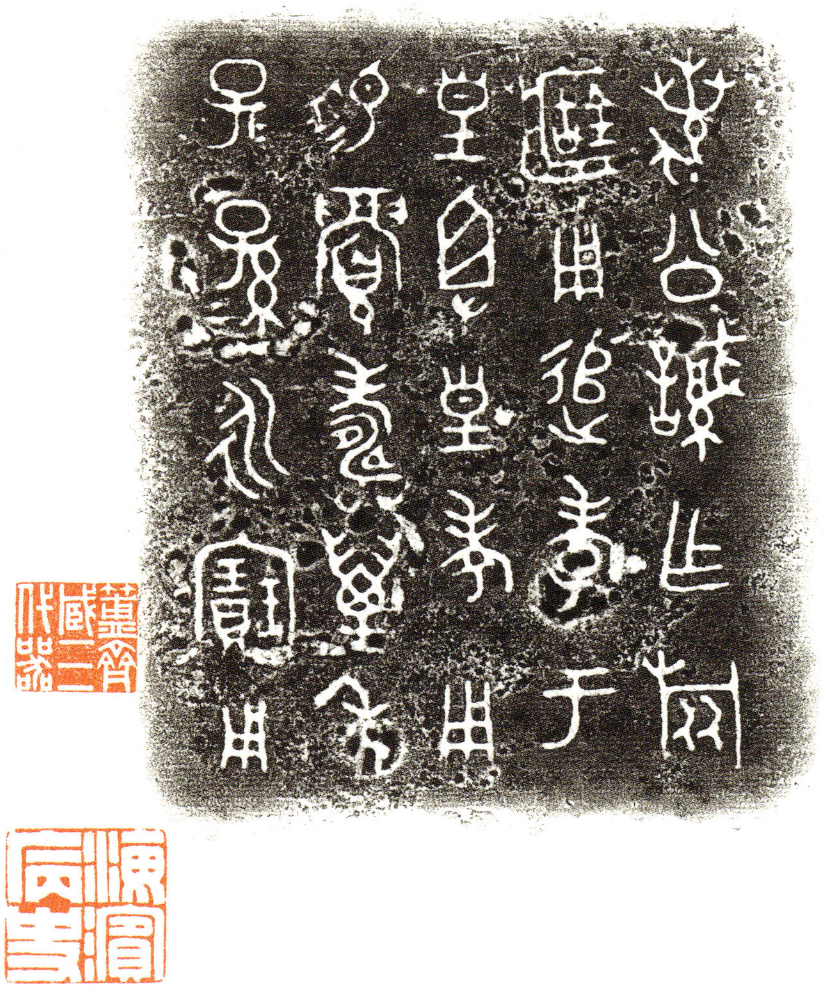

六六

蝫公譿簋 01027.4.33

西周晚期

銘文字數：二十五（又重文二）

《集成》著録編號：〇四六〇〇

釋文

蝫（鄀）公譿（諴）作旅
匠（簋），用追孝于
皇祖、皇考，用
賜眉壽萬年，
子子孫孫永寶用。

院藏信息

文字拓，登録號01027.4.33，一頁，鈐印：簠齋藏三代器、海濱病史

文字拓，登録號00971.5.21，一頁，鈐印：簠齋藏三代器、海濱病史

附録

鄀公譿簋

二十七字。

方赤外舅以卅千得之廠肆閣帖軒，余以簠名齋，遂收之。

譿从言，見曆鼎。

參見《簠齋金文題識》頁二八

敦

陳侯因資敦

七〇

陳侯因資敦 01027.4.38

戰國晚期

銘文字數：七十九（又重文二）

《集成》著録編號：〇四六四九

釋文

唯正六月癸未，墜（陳）侯因資曰：皇考孝武趄（桓）公龏（恭）截，大慕（謨）克成。其惟因資䚄（揚）皇考，卲（紹）練（踵）高祖黃帝，㕙（纂）鉰（嗣）趄（桓）、文，朝聞（問）諸侯，合（答）䚄（揚）厥德。諸侯賁薦吉金，用作孝武趄（桓）公祭器錞（敦），以烝以嘗，保有齊邦，世萬子孫，永爲典尚（常）。

院藏信息

文字拓，登録號01027.4.38，一頁，鈐印：陳氏吉金、簠齋藏三代器

文字拓，登録號00971.6.27，一頁，鈐印：陳氏吉金、簠齋藏三代器、海濱病史

全形拓，登録號00995.2.13，一開

附録

陳侯因資毀器

蓋失。

錞即毀。形如半瓜，俗名西瓜鼎。三環爲足，一環爲耳，異古毀矣。資，史誤作齊，齊威王器也。

山左土物。

參見《簠齋金文題識》頁二六

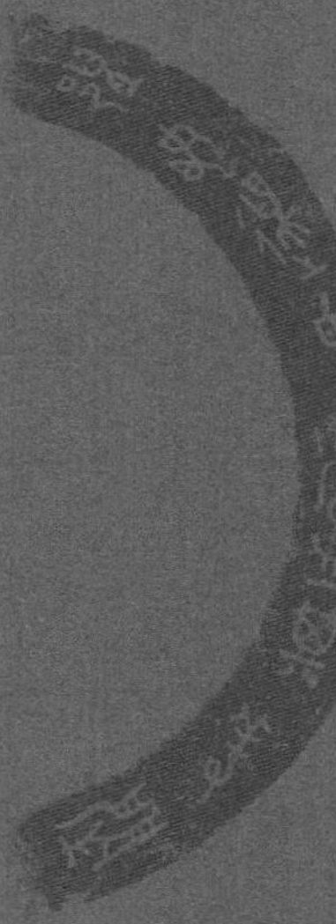

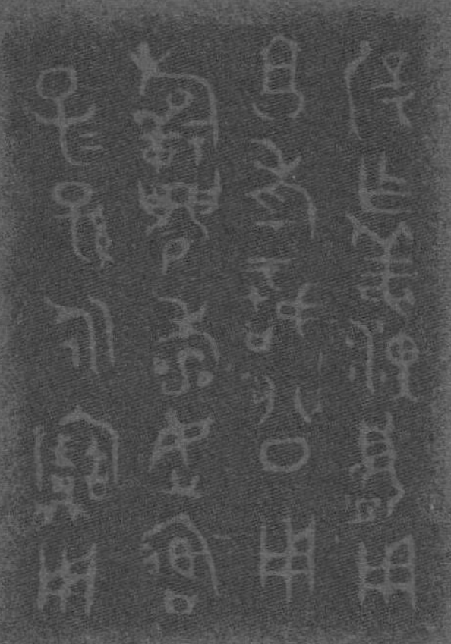

卣

祖己父辛卣／䢅作父乙卣／舟丏父丁卣／䢅父丁卣／奄父癸卣／𧊒仲卣／伯睘卣／髭作祖癸卣／矢伯隻作父癸卣／效卣／豚卣

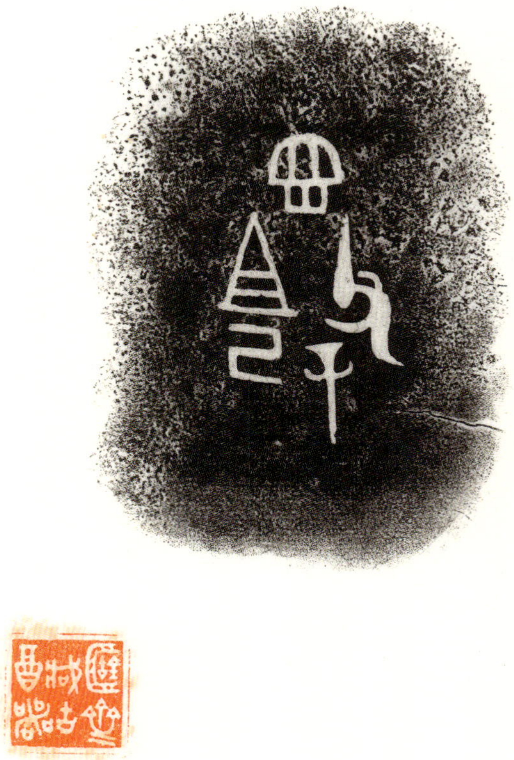

蓋銘（00971.2.17.1）

器銘（00971.2.17.2）

七一

[illegible]祖己父辛卣 00971.2.17

商晚期

該器現藏：中國國家博物館

銘文字數：五（蓋、器同銘）

《集成》著録編號：〇五一四六

蓋釋文

[illegible] 父辛

祖己

器釋文

[illegible] 祖己

父辛

院藏信息

文字拓，登録號00971.2.17.1（蓋銘）、00971.2.17.2（器銘），二頁，蓋銘拓本鈐印：簠齋藏古酒器，器銘拓本鈐印：簠齋藏三代器

文字拓，登録號01027.4.07.2（蓋銘）、01027.4.07.1（器銘），二頁，蓋銘拓本鈐印：簠齋藏古酒器，器銘拓本鈐印：簠齋藏三代器

全形拓，登録號00995.1.18，一開

附録

[illegible]父辛祖己卣器、[illegible]父辛祖己卣蓋

[illegible]，皿繇文。

各五字。

器作虎文。虎文，威儀也。

周以前。

參見《簠齋金文題識》頁三五

蓋銘（01027.4.05.2）

器銘（01027.4.05.1）

七二

巽作父乙卣 01027.4.05

商晚期

該器現藏：美國紐約大都會藝術博物館

銘文字數：五（蓋、器同銘）

《集成》著録編號：〇五一四八

釋文

巽　作

父乙彝

院藏信息

文字拓，登録號01027.4.05.2（蓋銘）、01027.4.05.1（器銘），二頁，蓋銘拓本鈐印：簠齋藏古酒器，器銘拓本鈐印：簠齋藏三代器

文字拓，登録號00971.2.16.2（蓋銘）、00971.2.16.1（器銘），二頁，蓋銘拓本鈐印：簠齋藏古酒器

全形拓，登録號00995.3.06

附録

析子孫父乙卣器、析子孫父乙卣蓋器蓋各五字。

參見《簠齋金文題識》頁三五

七三

舟丙父丁卣

01027.3.47

商晚期

銘文字數：四

《集成》著録編號：〇五〇七三

釋文

舟 丙 父丁

院藏信息

文字拓，登録號01027.3.47，一頁，鈐印：簠齋藏古酒器

文字拓，登録號00971.2.21，一頁，鈐印：簠齋藏古酒器

文字拓，登録號440238.3.06，一頁

附録

舟万（旁）父丁卣器

卣小，無蓋提。

四字。

万即旁省。

參見《簠齋金文題識》頁三七

蓋銘（01027.4.16.1）

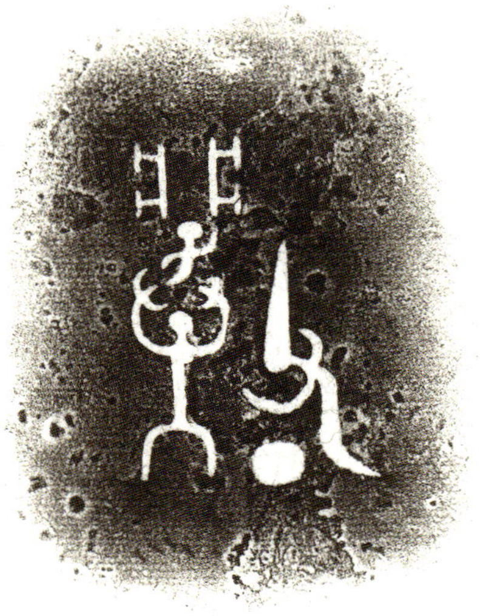

器銘（01027.4.16.2）

七四

冀父丁卣 01027.4.16

商晚期

該器現藏：上海博物館

銘文字數：三（蓋、器同銘）

《集成》著録編號：○四九三八

釋文

冀　父丁

院藏信息

文字拓，登録號01027.4.16.1（蓋銘）、01027.4.16.2（器銘），二頁，蓋銘拓本鈐印：簠齋藏三代器，器銘拓本鈐印：簠齋藏古酒器

文字拓，登録號00971.2.18.2（蓋銘）、00971.2.18.1（器銘），二頁，蓋銘拓本鈐印：簠齋藏三代器，器銘拓本鈐印：簠齋藏古酒器

文字拓，登録號44038.3.04（蓋、器銘），一頁

全形拓，登録號00995.1.19，一開

附録

析子孫父丁卣器、析子孫父丁卣蓋各五字。

周以前。

參見《簠齋金文題識》頁三六

七五

奄父癸卣　01027.4.52

商晚期

銘文字數：三

《集成》著録編號：〇四九九三

釋文

奄　父癸

院藏信息

文字拓，登録號01027.4.52，一頁，鈐印：簠齋藏古酒器

文字拓，登録號00971.2.19，一頁，鈐印：簠齋藏古酒器

附録

子孫父癸卣殘器

四字。

周以前。

出齊地。

參見《簠齋金文題識》頁三六

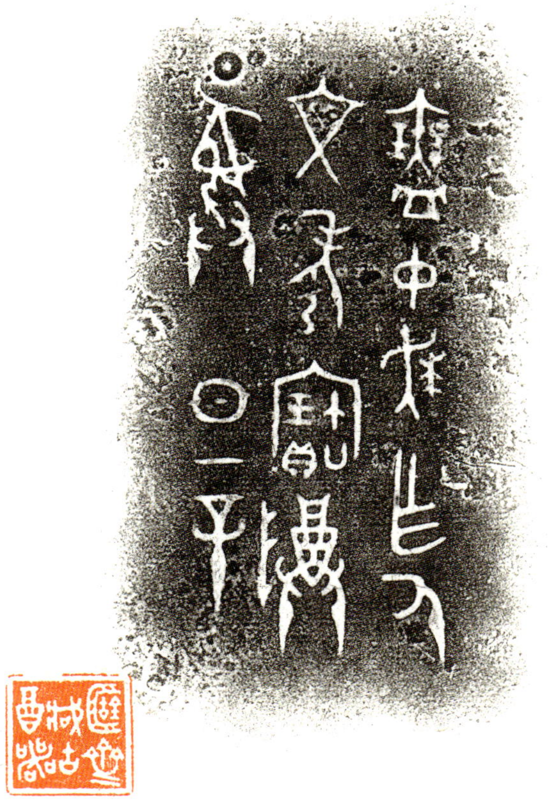

七六

⿱琴皿仲卣 01027.4.42

西周早期

該器現藏：上海博物館

銘文字數：十二

《集成》著録編號：〇五三六九

釋文

⿱琴皿（瑟）仲⿰金奉作厥
文考寶尊
彝　日辛

院藏信息

文字拓，登録號01027.4.42，一頁，鈐印：簠齋藏古酒器
文字拓，登録號00971.2.12，一頁，鈐印：簠齋藏古酒器
文字拓，登録號440238.3.05，一頁
全形拓，登録號00995.2.23，一開

附録

⿱珏登（瑟）仲狂卣器
器小無提，失蓋。
阮誤作彝，且未剔晰。
十二字。
參見《簠齋金文題識》頁三四

器銘（01027.3.20.1）

蓋銘（01027.3.20.2）

七七

伯睘卣 01027.3.20

西周早期

該器現藏：美國華盛頓賽克勒美術館

銘文字數：蓋八、器九

《集成》著録編號：〇五三二七

蓋釋文

伯□（睘）作厥室

寶尊彝

器釋文

伯□（睘）作厥室

寶尊彝 ⋈

院藏信息

文字拓，登録號01027.3.20.2（蓋銘）、01027.3.20.1（器銘），二頁，

蓋銘拓本鈐印：簠齋藏古酒器，器銘拓本鈐印：簠齋藏三代器

文字拓，登録號00971.2.13.1（蓋銘）、00971.2.13.2（器銘），二頁，

蓋銘拓本鈐印：簠齋藏古酒器，器銘拓本鈐印：簠齋藏三代器

文字拓，登録號440238.3.02（蓋、器銘），一頁

全形拓，登録號00095.3.05，一開

附録

伯睘卣器、伯睘卣蓋

器有觚。

八字。

器有⊠字，或以中⊠父毁蓋⊠非⊠字，以此紀數字推之仍是。或曰睘即瑗，伯玉器也。

潘伯寅有一文同而小，亦弱。

參見《簠齋金文題識》頁三四

七八

髭作祖癸卣 01027.4.69

西周早期

銘文字數：八

《集成》著録編號：〇五三〇七

釋文

髭　作祖癸寶

尊彝　*

院藏信息

文字拓，登録號01027.4.69，一頁，鈐印：簠齋藏古酒器

文字拓，登録號00971.2.20，一頁，鈐印：簠齋藏古酒器

附録

祖癸卣殘器

八字。

孫形奇。

作者名有泐。*亦見他器，筠清刻中記有之。

得之潍市，僅存一底。

參見《簠齋金文題識》頁三六

器銘（01027.3.23.1）

蓋銘（01027.3.23.2）

七九

矢伯隻作父癸卣

01027.3.23

西周早期

該器現藏：美國聖路易斯市美術博物館

銘文字數：七（蓋、器同銘）

《集成》著録編號：〇五二九一

釋文

矢伯隻

作父癸彝

院藏信息

文字拓，登録號01027.3.23.2（蓋銘）、01027.3.23.1（器銘），二頁，蓋銘拓本鈐印：簠齋藏古酒器，器銘拓本鈐印：簠齋藏三代器

文字拓，登録號00971.2.15.1（蓋銘）、00971.2.15.2（器銘），二頁，蓋銘拓本鈐印：簠齋藏三代器，器銘拓本鈐印：簠齋藏古酒器

文字拓，登録號440238.3.03（蓋、器銘），一頁

全形拓，登録號00995.2.22，一開

附録

矢伯雞父卣器、矢伯雞父卣蓋

器蓋各七字。

見《山左金石志》，云出臨朐柳山寨。

手執雞，非父字。

參見《簠齋金文題識》頁三五

蓋銘（01027.4.34）

器銘（01027.4.71）

八〇

效卣 01027.4.34 01027.4.71

西周中期

該器現藏：上海博物館

銘文字數：六十五（蓋、器同銘，又重文三）

《集成》著録編號：〇五四三三

蓋釋文

唯三（四）月初吉甲午，王雚（觀）于
嘗，公東宮内（納）鄉（饗）于王。王賜
公貝五十朋，公賜厥涉（世）子效
王休貝廿朋。效對公休，用
作寶尊彝。嗚呼，效不
敢不萬年夙夜奔走
揚公休，亦其子子孫孫永寶。

器釋文

唯三（四）月初吉甲午，王雚（觀）于
嘗，公東宮内（納）鄉（饗）于王。王賜公
貝五十朋，公賜厥涉（世）子效王休
貝廿朋。效對公休，用作寶
尊彝。嗚呼，效不敢
不萬年夙夜奔走揚
公休，亦其子子孫永寶。

院藏信息

文字拓，登録號01027.4.34（蓋銘）、01027.4.71（器銘），二頁，蓋銘拓本鈐印：簠齋藏古酒器、簠齋藏三代器，器銘拓本鈐印：文字之福、簠齋藏三代器、簠齋藏古酒器

文字拓，登録號00971.2.11.1（蓋銘）、00971.2.11.2（器銘），二頁，蓋銘拓本鈐印：簠齋藏古酒器、簠齋藏三代器，器銘拓本鈐印：文字之福、簠齋藏三代器、簠齋藏古酒器

全形拓，登録號0095.4.24，一開

附録

效卣器、效卣蓋

卣小而花文甚精。

蓋缺提折處，今補。

器六十九字，蓋同，卣字之至多者。

器出雒陽市。

□子效，疑仍是從字異文。

參見《簠齋金文題識》頁三三

八一

豚卣 01027.4.45

西周中期

銘文字數：十一（又重文二）

《集成》著録編號：〇五三六五

釋文

豚作父庚宗

彝，其子子孫孫永寶。

院藏信息

文字拓，登録號01027.4.45，一頁，鈐印：簠齋藏三代器

文字拓，登録號00971.2.14，一頁，鈐印：簠齋藏古酒器

附録

豚卣器

十三字。

參見《簠齋金文題識》頁三四

尊

商作父丁犧尊蓋／亞此犧尊／子祖辛步尊／遣尊／傳作父戊尊／員父尊／魚父庚尊／□父己尊／周免旁父丁尊

八二

商作父丁犧尊蓋 01027.4.12

西周早期

該器現藏：中國國家博物館

銘文字數：六

《集成》著録編號：〇五八二八

釋文

商作父丁[illegible]尊

院藏信息

文字拓，登録號01027.4.12，一頁，鈐印：簠齋藏古酒器、簠齋藏三代器

文字拓，登録號00971.2.02，一頁，鈐印：簠齋藏古酒器、簠齋藏三代器

附録

商[illegible]犧尊器蓋

六字。

參見《簠齋金文題識》頁二九

蓋銘（01027.3.46.1）

器銘（01027.3.46.2）

八三

亞此犧尊 01027.3.46

西周早期

銘文字數：二（蓋、器同銘，蓋後配）

《集成》著録編號：〇五五六九

釋文

亞此

院藏信息

文字拓，登録號01027.3.46.1（蓋銘）、01027.3.46.2（器銘），二頁，蓋銘拓本鈐印：簠齋藏古酒器、簠齋藏三代器，器銘拓本鈐印：簠齋藏古酒器

文字拓，登録號00971.2.01.1（蓋銘）、00971.2.01.2（器銘），二頁

文字拓，登録號440238.3.07，一頁

全形拓，登録號00095.2.24，一開

附録

亞中⺊Ψ犧尊器

不甚似牛形。

國學欽頌者，色澤至佳而無字。泲上所出，今歸宫子行本昂者字多，見《濟寧金石志》。得之京師。

器蓋各三字，⺊Ψ當是二字，非此。

亞中⺊Ψ犧尊蓋，似仿補。

參見《簠齋金文題識》頁二九

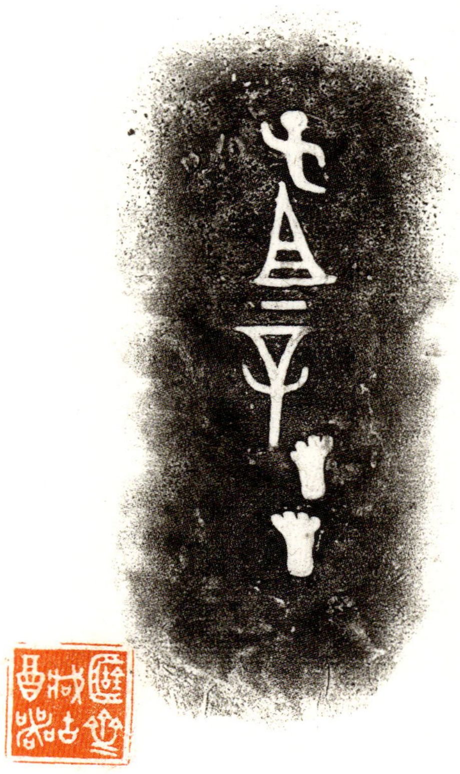

八四

子祖辛步尊 01027.3.32

商晚期

該器現藏：美國聖路易斯市美術博物館

銘文字數：四

《集成》著録編號：〇五七一六

釋文

子　祖辛　步

院藏信息

文字拓，登録號01027.3.32，一頁，鈐印：簠齋藏古酒器

文字拓，登録號00971.2.09，一頁，鈐印：簠齋藏古酒器

文字拓，登録號44038.3.08，一頁

全形拓，登録號00995.1.17，一開

附録

商子祖辛足跡形尊

四字。

足跡，祖武也。

古器足形皆神似，有四指、三指之異，而無五指者。

參見《簠齋金文題識》頁三二

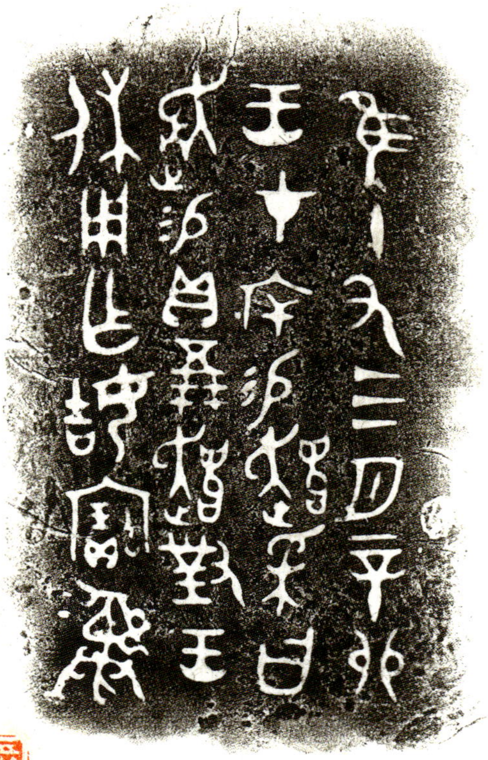

八五

遣尊 01027.2.68

西周早期

該器現藏：美國華盛頓弗里爾美術博物館

銘文字數：二十七（又合文一）

《集成》著録編號：〇五九九二

釋文

唯十又三月辛卯，
王在庍（館），賜趞（遣）采曰
趞，賜貝五朋。趞（遣）對王
休，用作姞寶彝。

院藏信息

文字拓，登録號01027.2.68，一頁，鈐印：簠齋藏古酒器

文字拓，登録號00971.2.03，一頁，鈐印：簠齋藏古酒器

全形拓，登録號00995.3.03，一開

附録

趞尊

二十八字。五朋合文。

庍即㮑，㮑即槖，槖□也。

參見《簠齋金文題識》頁三〇

八六

傳作父戊尊 01027.2.75

西周早期

銘文字數：九

《集成》著録編號：〇五九二五

釋文

傳作父戊

寶尊彝　亞牧

院藏信息

文字拓，登録號01027.2.75，一頁，鈐印：簠齋藏古酒器

文字拓，登録號00971.2.05，一頁

文字拓，登録號440238.3.11，一頁

全形拓，登録號00995.2.25，一開

附録

傳尊

九字。

山左所得。

末乃刊字，刊則于，彼於此刊或即今於字。

參見《簠齋金文題識》頁三一

八七

員父尊 01027.4.14

西周早期

銘文字數：六

《集成》著録編號：〇五八六一

釋文

員父作

寶尊彝

院藏信息

文字拓，登録號01027.4.14，一頁，鈐印：簠齋藏古酒器

文字拓，登録號00971.2.07，一頁，鈐印：簠齋藏古酒器

文字拓，登録號440238.3.12，一頁

全形拓，登録號00995.2.26，一開

附録

員父尊

六字。

員从鼎，見許書籀文。

參見《簠齋金文題識》頁三一至三二

八八

魚父庚尊 01027.3.44

西周早期

該器現藏：日本京都泉屋博古館

銘文字數：五

《集成》著録編號：〇五八〇一

釋文

魚 作

父庚彝

院藏信息

文字拓，登録號01027.3.44，一頁，鈐印：簠齋藏古酒器

文字拓，登録號00971.2.08，一頁

附録

魚尊

五字。

有觚自上至下。觚，瓜之棱也。今粵東絲瓜棱高起，觚之所以名與。世止知觚有棱，而不知尊有之者不少，不第觚也。

參見《簠齋金文題識》頁三二一

八九

父己尊 01027.2.54

西周早期

銘文字數：三

《集成》著録編號：〇五七四三

釋文

父己

院藏信息

文字拓，登録號01027.2.54，一頁，鈐印：簠齋藏古酒器

文字拓，登録號00971.2.10，一頁

附録

商總兩角形子父己尊

四字。

器外文與祖庚乃孫毁匹敵。

得之關中。

參見《簠齋金文題識》頁三二至三三

九〇

周免旁父丁尊 01027.2.74

西周中期

該器現藏：日本東京出光美術館

銘文字數：九

《集成》著録編號：〇五九二二

釋文

囲（周）免旁作

父丁宗寶彝

院藏信息

文字拓，登録號01027.2.74，一頁，鈐印：簠齋藏古酒器

文字拓，登録號00971.2.04，一頁，鈐印：簠齋藏古酒器

文字拓，登録號440238.3.09，一頁

全形拓，登録號00995.1.16，一開

附録

囲（舊釋魯）文旁尊

底有龍文。器近楕方。

九字。

囲舊釋魯，余疑冪形。

參見《簠齋金文題識》頁三〇至三一

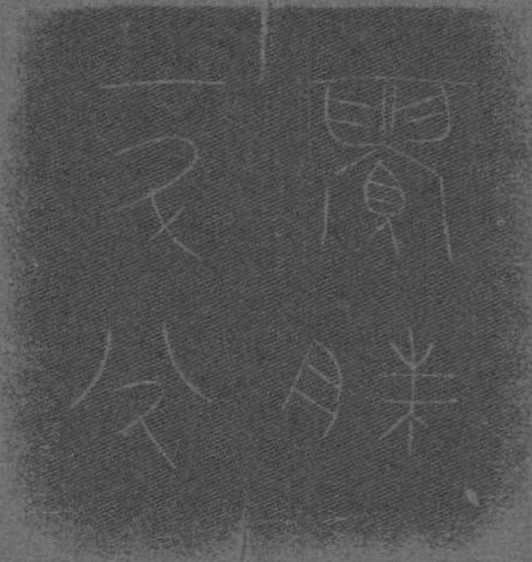

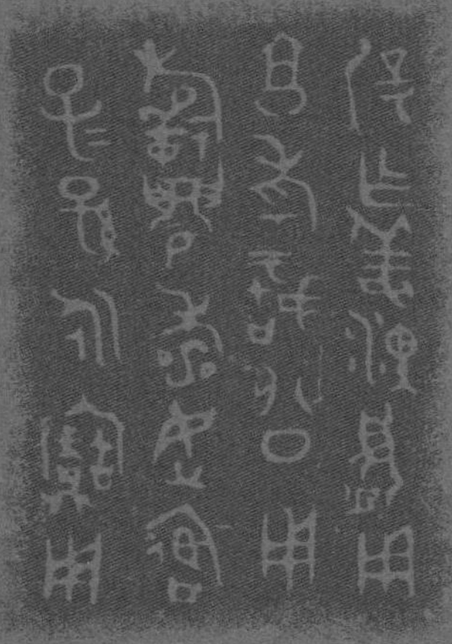

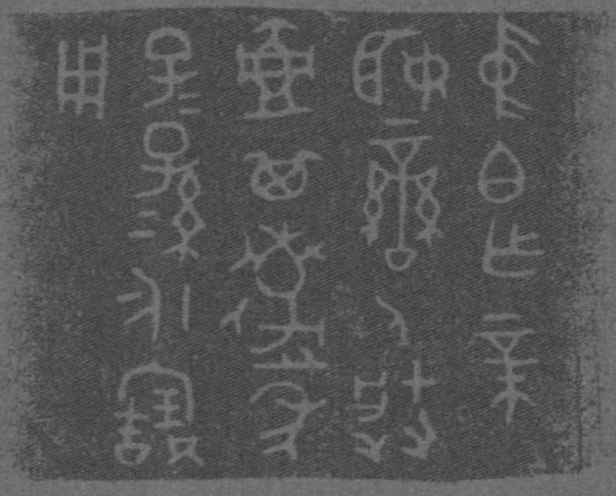

壺

中伯壺蓋／襄安君扁壺

九一

中伯壺蓋

01027.2.66

西周中期

全形拓最大縱橫18.5×16釐米

銘文字數：十七（又重文二）

《集成》著録編號：〇九六六七

釋文

中伯作亲（辛）

姬繺（變）人媵

壺，其萬年，

子子孫孫永寶

用。

院藏信息

文字拓，登録號01027.2.66，一頁，鈐印：簠齋藏古酒器

文字拓，登録號00971.2.22，一頁，鈐印：簠齋藏古酒器

文字拓，登録號44238.3.14，一頁

全形拓，登録號00995.1.20，一開

附録

中伯壺蓋

十九字。字有闌文。

關中寄。

其器在子苾閣學處，爲同官以銅高鐙易去。

參見《簠齋金文題識》頁三八至三九

九二

襄安君扁壺 01027.4.25

戰國

該器現藏：中國國家博物館

銘文字數：九（兩側有二字）

《集成》著録編號：〇九六〇六

釋文

纕（襄）安君其鉼（瓶）弍孛（觳）

予

桒

院藏信息

文字拓，登録號01027.4.25，一頁，鈐印：簠齋藏古酒器

文字拓，登録號00971.2.25，一頁，鈐印：簠齋藏古酒器

文字拓，登録號440238.4.36，一頁

全形拓，登録號00995.2.45，一開

附録

緻窓君鉼

九字。文在足外及兩側，蓋無字。

周末。

兩側有西樂字，西即酒。

參見《簠齋金文題識》頁四〇

盉

戈卬父丁盉／亞𡿪父辛盉

蓋銘（01027.2.49）

器銘（01027.3.40）

九三

戈卩父丁盉

01027.2.49 01027.3.40

商晚期

該器現藏：日本京都泉屋博古館

銘文字數：六（蓋、器同銘）

《集成》著録編號：〇九四〇四

釋文

戈卩作

父丁彝

院藏信息

文字拓，登録號01027.2.49（蓋銘）、01027.3.40（器銘），二頁、

鈐印：簠齋藏三代器（蓋銘、器銘同）

文字拓，登録號00971.5.26.1（蓋銘）、00971.5.26.2（器銘），一頁

全形拓，登録號00995.3.15，一開

附録

商立瞿子執干形盉器、立瞿子執干形盉蓋

蓋與器有連環。

器蓋各六字，文古而美。

子執干，當是刊，或曰人名。

參見《簠齋金文題識》頁三七

九四

亞孳父辛盉 01027.3.41

商晚期

該器現藏：故宮博物院

銘文字數：四

《集成》著録編號：〇九三七九

釋文

亞孳　父辛

院藏信息

文字拓，登録號01027.3.41，一頁，鈐印：簠齋藏三代器

文字拓，登録號00971.5.27，一頁，鈐印：簠齋藏三代器

文字拓，登録號440238.4.19，一頁

附録

商父辛盉蓋

亞中當是㝵字。

參見《簠齋金文題識》頁三八

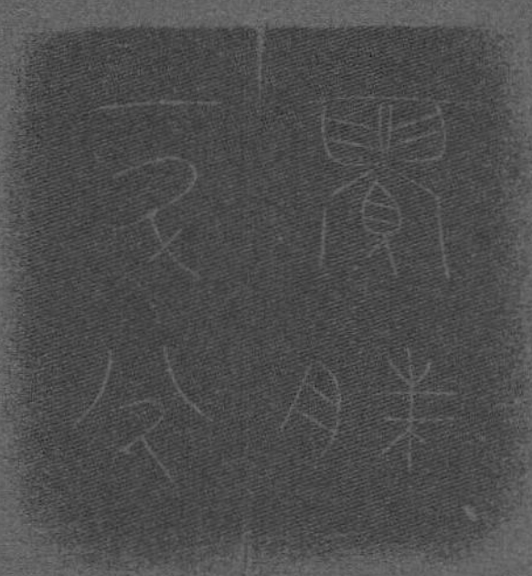

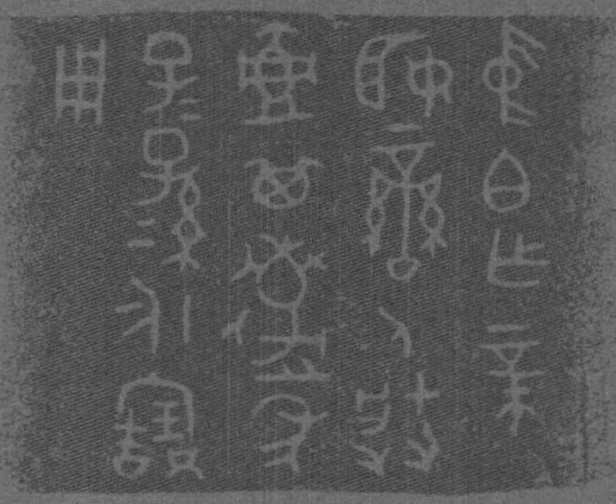

觚

祖戊觚／父乙衮觚／觚／天子耶觚／亞盉父丁觚／叔觚

九七

□觚 01027.3.54

商晚期

銘文字數：一

《集成》著録編號：〇六七六五

釋文

□

院藏信息

文字拓，登録號01027.3.54，一頁，鈐印：簠齋藏古酒器

文字拓，登録號00971.2.31，一頁

附録

□（手向下形、器形）觚

一字。

倒舉爲字，當與揚舉之義不同。

參見《簠齋金文題識》頁四三

九八

天子耶觚

01027.2.43

西周早期

銘文字數：七

《集成》著録編號：〇七二九六

釋文

天（王？）子耶作

父丁彝

院藏信息

文字拓，登録號01027.2.43，一頁，鈐印：簠齋藏古酒器

文字拓，登録號00971.2.28，一頁，鈐印：簠齋藏古酒器

全形拓，登録號00995.3.12，一開

附録

天子班（即頌）觚

天字上蓋而有蝕。

七字。觚文之多而佳者。

道光乙未得之歷市。

班即頌，頌金也。

參見《簠齋金文題識》頁四一至四二

九九

亞盉父丁觚

01027.2.44

西周早期

銘文字數：四

《集成》著録編號：〇七二三二

釋文

亞盉 父丁

院藏信息

文字拓，登録號01027.2.44，一頁，鈐印：簠齋藏古酒器

文字拓，登録號440238.4.13，一頁

全形拓，登録號00995.1.12，一開

附録

手薦血形父丁殘觚

四五字，文古。

山左土物。

啓毛取血當有得毛，以刀血則如此，所執者□即盤形。

參見《簠齋金文題識》頁四二

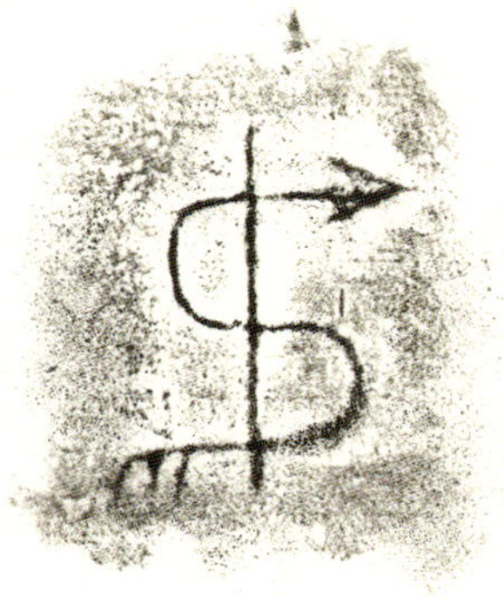

一〇〇 叔觚

01027.2.51

西周早期

銘文字數：一

《集成》著録編號：〇六五七一

釋文

弔（叔）

院藏信息

文字拓，登録號01027.2.51，一頁，鈐印：簠齋藏古酒器

文字拓，登録號00971.2.30，一頁，鈐印：簠齋藏古酒器

全形拓，登録號00995.3.13，一開

附録

尗觚

一字。

陽識，古不多作，偶一爲之，以其不經久與。

參見《簠齋金文題識》頁四二至四三

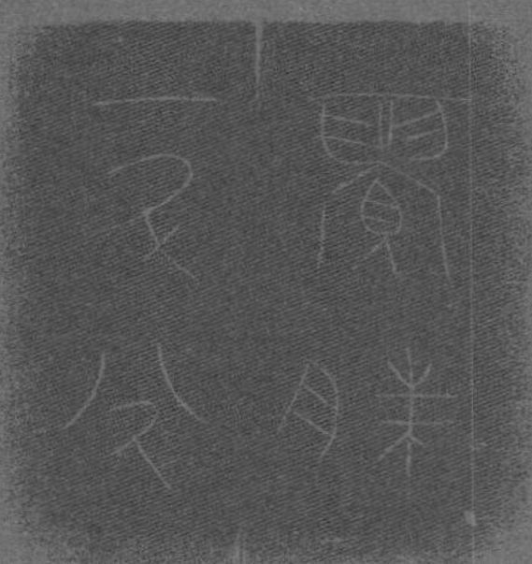

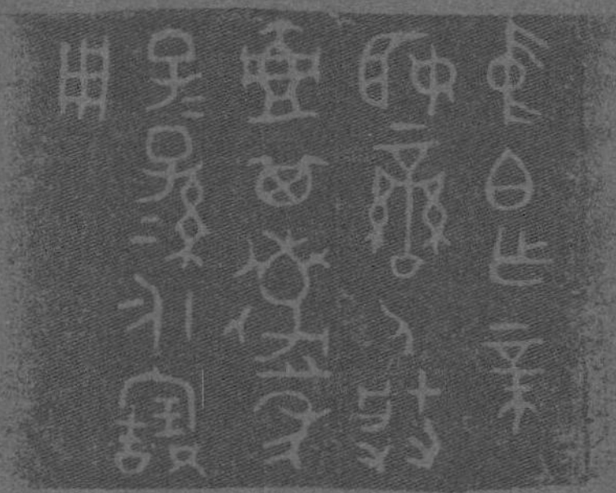

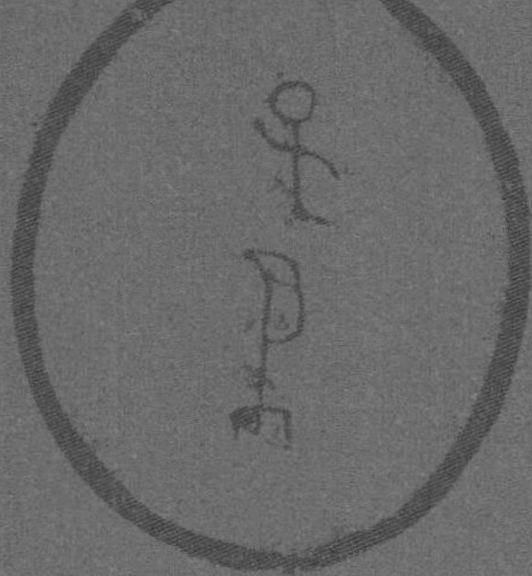

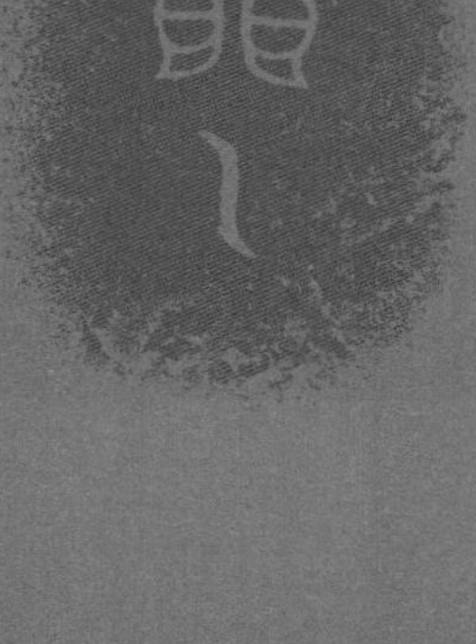

觶

亞大父乙觶／祖己觶／子酉父己觶／子父庚觶／[illegible]祖丙觶／冉父己觶／[illegible]祖戊觶／子刀觶／[illegible]作母甲觶／應公觶／丰作父乙觶／[illegible]子作父丁觶／[illegible]作父丁觶／父丁告田觶／[illegible]父辛觶／[illegible]父癸觶／巫觶

一〇一

亞大父乙觶

01027.2.46

商晚期

銘文字數：四

《集成》著録編號：〇六三七六

釋文

亞大　父乙

院藏信息

文字拓，登録號01027.2.46，一頁，鈐印：簠齋藏古酒器

文字拓，登録號00971.2.39，一頁

全形拓，登録號00995.3.11，一開

附録

亞中子形父乙觶

四字。

參見《簠齋金文題識》頁四六

一〇二

祖己觶 01027.3.52

商晚期

銘文字數：四

《集成》著録編號：〇六三七〇

釋文

口　祖己

院藏信息

文字拓，登録號01027.3.52，一頁，鈐印：簠齋藏古酒器

文字拓，登録號00971.2.32，一頁

文字拓，登録號440238.4.10，一頁

全形拓，登録號00995.1.28，一開

附録

周垣重屋祖己觶

四字。

周以前。

山左土物。

參見《簠齋金文題識》頁四四

一〇三

子酉父己觶 01027.2.55

商晚期

銘文字數：四

《集成》著録編號：〇六三九九

釋文

子酉　父己

院藏信息

文字拓，登録號01027.2.55，一頁，鈐印：簠齋藏古酒器

文字拓，登録號00971.2.35，一頁

附録

子孫父己觶

四字。

孫異文。

參見《簠齋金文題識》頁四五

一〇四 子父庚觶 01027.2.45

商晚期

銘文字數：三

《集成》著録編號：〇六二九二

釋文

子父庚

院藏信息

文字拓，登録號01027.2.45，一頁，鈐印：簠齋藏古酒器

文字拓，登録號00971.2.38，一頁

附録

子父庚觶

三字。

古厚渾淪，如今羊毫大筆書。

參見《簠齋金文題識》頁四六

一〇五

穴祖丙觶

01027.2.57

商晚期

銘文字數：三

《集成》著録編號：〇六二〇二

釋文

穴 祖丙

院藏信息

文字拓，登録號01027.2.57，一頁，鈐印：簠齋藏古酒器

文字拓，登録號00971.2.42，一頁

文字拓，登録號440238.4.11，一頁

全形拓，登録號00995.1.27，一開

附録

舉祖丙觶

三字。

穴，上手下器，洗而揚觶之象。

參見《簠齋金文題識》頁四七

一〇六

冉父己觶 01027.3.58

商晚期

銘文字數：三

《集成》著録編號：〇六二七五

釋文

冉 父己

院藏信息

文字拓，登録號01027.3.58，一頁，鈐印：簠齋藏古酒器

文字拓，登録號00971.2.37，一頁

附録

舉父己觶

三字。

舉，舉鼎形也。一爲扃，扃所以扛鼎，見《儀禮》注。《易》金玉鉉，當即扃飾。

參見《簠齋金文題識》頁四六

一〇七
舉祖戊觶 01027.3.56

商晚期

銘文字數：三

《集成》著録編號：〇六二〇八

釋文

舉 祖戊

院藏信息

文字拓，登録號01027.3.56，一頁，鈐印：簠齋藏古酒器

文字拓，登録號00971.2.41，一頁

附録

舉祖戊觶

三字。

參見《簠齋金文題識》頁四七

一〇八 子刀觶

01027.3.35

商晚期

銘文字數：二

《集成》著録編號：〇六一三九

釋文

子刀

院藏信息

文字拓，登録號01027.3.35，一頁，鈐印：簠齋藏古酒器

文字拓，登録號00971.2.44，一頁

附録

子立刀形觶

二字。

陽識，在底。

參見《簠齋金文題識》頁四八

一〇九

⿰冊朮作母甲觶 01027.3.51

西周早期

該器現藏：上海博物館

銘文字數：六

《集成》著録編號：〇六五〇二

釋文

⿰冊朮 作母甲
尊彝

院藏信息

文字拓，登録號01027.3.51，一頁，鈐印：簠齋藏古酒器、簠齋藏三代器

文字拓，登録號440238.4.08，一頁

全形拓，登録號00995.2.30，一開

附録

母甲觶

七字。觶文之至精者。

觶未見古字。

周以前。

參見《簠齋金文題識》頁四三

一一〇 應公觶

01027.4.15

西周早期

該器現藏：山東師範大學歷史系文物陳列室

銘文字數：六

《集成》著録編號：〇五八四一（當作觶）

釋文

雁（應）公作

寶尊彝

院藏信息

文字拓，登録號01027.4.15，一頁，鈐印：簠齋藏古酒器

文字拓，登録號00971.2.06，一頁，鈐印：簠齋藏古酒器

文字拓，登録號44038.3.10，一頁

全形拓，登録號00995.3.04，一開

附録

應公尊

制小。

六字。

應，武之穆。子苾有應公二字觶，有柄。

參見《簠齋金文題識》頁三一

一二

丰作父乙觶 01027.3.55

西周早期

銘文字數：六

《集成》著録編號：〇六四六七

釋文

丰（丰）作父乙

尊彝

院藏信息

文字拓，登録號01027.3.55，一頁，鈐印：簠齋藏古酒器

文字拓，登録號00971.2.40，一頁

文字拓，登録號440238.4.12，一頁

全形拓，登録號00995.2.33，一開

附録

毛觶

六字。

參見《簠齋金文題識》頁四六

一二三

聅子作父丁觶

01027.3.50

西周早期

銘文字數：五

《集成》著録編號：〇六四四六

釋文

聅　子作父丁

院藏信息

文字拓，登録號01027.3.50，一頁，鈐印：簠齋藏古酒器

附録

子父丁觶

五字。

第一字或釋幼。

參見《簠齋金文題識》頁四四

一一三

盧作父丁觶 01027.3.48

西周早期

該器現藏：上海博物館

銘文字數：五

《集成》著録編號：〇六四四七

釋文

盧作父丁□

院藏信息

文字拓，登録號01027.3.48，一頁，鈐印：簠齋藏古酒器

文字拓，登録號00971.2.34，一頁

文字拓，登録號440238.4.07，一頁

全形拓，登録號00995.1.26，一開

附録

子魚父丁觶

六字。

□仍是舉，同□。舉，有舉鼎、舉舟之別。

參見《簠齋金文題識》頁四五

一一四

父丁告田觶 01027.3.49

西周早期

該器現藏：上海博物館

銘文字數：四

《集成》著録編號：〇六三九一

釋文

父丁

告田

院藏信息

文字拓，登録號01027.3.49，一頁，鈐印：簠齋藏古酒器

文字拓，登録號00971.2.33，一頁

文字拓，登録號44038.4.06，一頁

全形拓，登録號00995.2.31，一開

附録

父丁告田觶

四字。

器大而字展拓。

參見《簠齋金文題識》頁四四

一二五

⿱聿貝父辛觶　01027.3.57

西周早期

銘文字數：三

《集成》著録編號：〇六三二〇

釋文

⿱聿貝（贐）　父辛

院藏信息

文字拓，登録號01027.3.57，一頁，鈐印：簠齋藏古酒器

文字拓，登録號00971.2.36，一頁

文字拓，登録號440238.4.09，一頁

全形拓，登録號00995.2.32，一開

附録

聿貝父辛觶

四字。

或曰⿱聿貝，即贐。

得之濰市。

參見《簠齋金文題識》頁四五

一一六

𡚤父癸觶 01027.3.34

西周早期

銘文字數：三

《集成》著録編號：〇六三三〇

釋文

𡚤　父癸

院藏信息

文字拓，登録號01027.3.34，一頁，鈐印：簠齋藏古酒器

附録

子執柯提卣父癸觶

三字。

子提卣執柯，惜字泐。

參見《簠齋金文題識》頁四七

一一七 巫觶 01027.2.56

西周早期

銘文字數：一

《集成》著録編號：〇六〇八六

釋文

巫

院藏信息

文字拓，登録號01027.2.56，一頁，鈐印：簠齋藏古酒器

文字拓，登録號00971.2.43，一頁

附録

癸觶

一字。字在足內。

參見《簠齋金文題識》頁四七

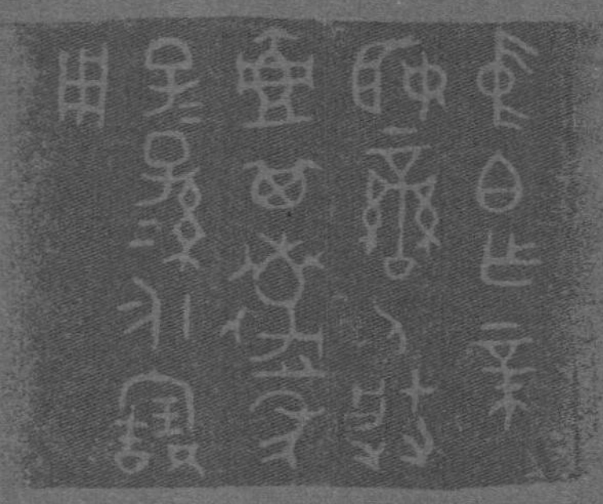

爵

婦闔爵／子□乙酉爵／西單父丙爵／子□父丁爵／陸册父乙爵／子□父乙爵／雔父癸爵／鳥父癸爵／舌父戊爵／□父癸爵／徙父癸爵／隻父癸爵／子父庚爵／冀父己爵／魚父丙爵／□祖庚爵／□父戊爵／□父辛爵／子□爵／子老爵／祖乙爵／山丁爵／父甲爵／父丁爵／父丁爵／戉□爵／蚑□爵／□爵／黿爵／姛爵／鳥爵／□爵／戈爵／父丁爵／丁冉爵／盂爵／□祖辛爵／□爵／癸旻爵／父戊舟爵之一／父戊舟爵之二……

器銘（01027.2.53.1）

蓋銘（01027.2.53.2）

一一八

婦闔爵

01027.2.53

商晚期

該器現藏：美國華盛頓弗里爾美術博物館

銘文字數：十（蓋、器同銘）

《集成》著録編號：〇九〇九二

釋文

婦闔作

文姑日癸

尊彝　㠱

院藏信息

文字拓，登録號01027.2.53.1（器銘）、01027.2.53.2（蓋銘），二頁，器銘拓本鈐印：簠齋藏古酒器，蓋銘拓本鈐印：簠齋藏三代器

文字拓，登録號00971.4.04.1（器銘）、00971.4.04.2（蓋銘），二頁

文字拓，登録號440238.401，一頁

全形拓，登録號00995.2.34，一開

附録

門彝觚器、門彝觚蓋

器如爵而無柱，腹下平。蓋作兕形，文同。

制與阮氏藏周子甗兕觥同。

文十二字。

得之章邱焦氏。

參見《簠齋金文題識》頁四九至五〇

一一九

子□乙酉爵

01027.2.25

商晚期

銘文字數：四

《集成》著録編號：〇八九八七

釋文

子□　乙酉

院藏信息

文字拓，登録號01027.2.25，一頁，鈐印：簠齋藏古酒器

文字拓，登録號00971.4.15，一頁，鈐印：簠齋藏古酒器

文字拓，登録號44023 8.3.33，一頁

全形拓，登録號00995. 5.12，一開

附録

子壬乙辛爵

四字。

壬或是丁。辛，與賁父辛辛字同。

參見《簠齋金文題識》頁五三

一二〇

西單父丙爵

01027.2.39

商晚期

銘文字數：四

《集成》著録編號：〇八八八四

釋文

西單　父丙

院藏信息

文字拓，登録號01027.2.39，一頁，鈐印：簠齋藏古酒器

文字拓，登録號00971.4.29，一頁，鈐印：簠齋藏古酒器

文字拓，登録號440238.3.29，一頁

全形拓，登録號00995.2.39，一開

附録

㫃單父丙爵

三字。

㫃單，宋人舊説，未定，當是㫃形，□以象參伐，□則弓彄形也，所以銘武功也。

參見《簠齋金文題識》頁五七

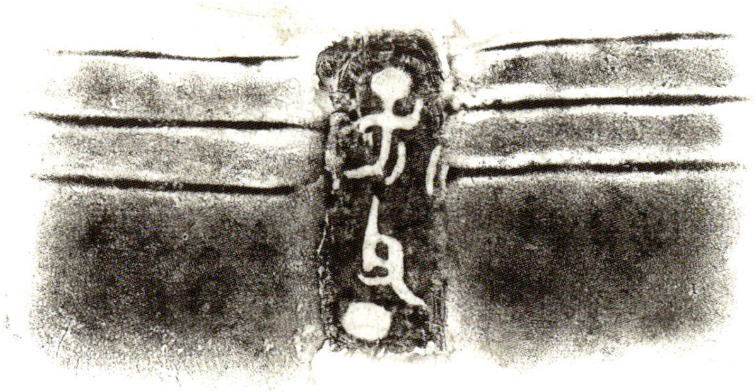

一一一

子八父丁爵 01027.2.16

商晚期

銘文字數：四

《集成》著録編號：〇八四四三

釋文

子八 父丁

院藏信息

文字拓，登録號01027.2.16，一頁，鈐印：簠齋藏古酒器

文字拓，登録號00971.4.32，一頁，鈐印：簠齋藏古酒器

文字拓，登録號440238.3.32，一頁

全形拓，登録號00995.2.41，一開

附録

子八（別）父丁爵

四字。

八即別。

參見《簠齋金文題識》頁五八

一三三

陸册父乙爵

01027.2.10

商晚期

該器現藏：美國夏威夷火奴魯魯美術學院

銘文字數：四

《集成》著録編號：〇八八七四

釋文

陸册　父乙

院藏信息

文字拓，登録號01027.2.10，一頁，鈐印：簠齋藏古酒器

文字拓，登録號00971.4.03，一頁

二三

子□父乙爵 01027.4.01

商晚期

銘文字數：四

《集成》著録編號：〇八八六一

釋文

子□　父乙

院藏信息

文字拓，登録號01027.4.01，一頁，鈐印：簠齋藏古酒器

文字拓，登録號00971.4.27，一頁，鈐印：簠齋藏古酒器

附録

子□父乙殘爵

四字。

出齊地。

參見《簠齋金文題識》頁五六

二二四

雔父癸爵 01027.2.11

商晚期

銘文字數：三

《集成》著録編號：〇八六九八

釋文

雔 父癸

院藏信息

文字拓，登録號01027.2.11，一頁，鈐印：簠齋藏古酒器

文字拓，登録號00971.4.45，一頁，鈐印：簠齋藏古酒器

附録

雙爵形父癸爵

三字。

參見《簠齋金文題識》頁六〇

一二五

鳥父癸爵 01027.2.31

商晚期

該器現藏：臺北故宫博物院

銘文字數：三

《集成》著録編號：〇八六九五

釋文

鳥　父癸

院藏信息

文字拓，登録號01027.2.31，一頁，鈐印：簠齋藏古酒器

文字拓，登録號00971.4.44，一頁，鈐印：簠齋藏古酒器

附録

爵形父癸爵

三字。

參見《簠齋金文題識》頁六一

一二六

舌父戊爵

01027.2.37

商晚期

銘文字數：三

《集成》著録編號：〇八五二二

釋文

舌　父戊

院藏信息

文字拓，登録號01027.2.37，一頁，鈐印：簠齋藏古酒器

文字拓，登録號00971.4.24，一頁，鈐印：簠齋藏古酒器

附録

舌父戊爵

三字。

山左土物。

參見《簠齋金文題識》頁五五

一二七

父癸爵

01027.2.61

商晚期

銘文字數：三

《集成》著録編號：○八六六八

釋文

父癸

院藏信息

文字拓，登録號01027.2.61，一頁，鈐印：簠齋藏古酒器

文字拓，登録號00971.4.43，一頁，鈐印：簠齋藏古酒器

一二八

徙父癸爵 01027.2.60

商晚期

銘文字數：三

《集成》著録編號：〇八六九〇

釋文

徙　父癸

院藏信息

文字拓，登録號01027.2.60，一頁，鈐印：簠齋藏古酒器

文字拓，登録號00971.4.42，一頁，鈐印：簠齋藏古酒器

附録

二足蹈矩父癸爵

四字。

參見《簠齋金文題識》頁六〇

一二九

隻父癸爵 01027.2.12

商晚期

銘文字數：三

《集成》著録編號：〇八六九七

釋文

隻　父癸

院藏信息

文字拓，登録號01027.2.12，一頁，鈐印：簠齋藏古酒器

文字拓，登録號00971.4.46，一頁，鈐印：簠齋藏古酒器

附録

手執爵形父癸爵

三字。

參見《簠齋金文題識》頁六〇

一三〇

子父庚爵 01027.4.02

商晚期

該器現藏：故宮博物院

銘文字數：三

《集成》著録編號：〇八五八四

釋文

子 父庚

院藏信息

文字拓，登録號01027.4.02，一頁，鈐印：簠齋藏古酒器

文字拓，登録號00971.4.39，一頁，鈐印：簠齋藏古酒器

附録

子負主父庚爵

三字。

參見《簠齋金文題識》頁五九

一三二

冀父己爵 01027.2.07

商晚期

銘文字數：三

《集成》著録編號：〇八五三九

釋文

冀　父己

院藏信息

文字拓，登録號01027.2.07，一頁，鈐印：簠齋藏古酒器

文字拓，登録號00971.4.10，一頁，鈐印：簠齋藏古酒器

文字拓，登録號440238.3.17，一頁

全形拓，登録號00995.5.03，一開

附録

父己析子孫爵

五字。

參見《簠齋金文題識》頁五二

一三二

魚父丙爵

01027.3.36

商晚期

銘文字數：三

《集成》著録編號：〇八四三七

釋文

魚　父丙

院藏信息

文字拓，登録號01027.3.36，一頁，鈐印：簠齋藏古酒器

文字拓，登録號00971.4.30，一頁，鈐印：簠齋藏古酒器

文字拓，登録號440238.3.30，一頁

全形拓，登録號00995.2.40，一開

附録

魚父丙爵

三字。

參見《簠齋金文題識》頁五七

一三三

由祖庚爵 01027.2.40

商晚期

該器現藏：上海博物館

銘文字數：三

《集成》著録編號：〇八三四一

釋文

由　祖庚

院藏信息

文字拓，登録號01027.2.40，一頁，鈐印：簠齋藏古酒器

文字拓，登録號00971.4.16，一頁，鈐印：簠齋藏古酒器

文字拓，登録號44038.3.28，一頁

全形拓，登録號00995.2.38，一開

附録

由祖庚爵

三字。

由或釋冄。

參見《簠齋金文題識》頁五三至五四

一三四

父戊爵 01027.2.32

商晚期

銘文字數：三

《集成》著録編號：〇八五二七

釋文

父戊

院藏信息

文字拓，登録號01027.2.32，一頁，鈐印：簠齋藏古酒器

文字拓，登録號00971.4.37，一頁，鈐印：簠齋藏古酒器

附録

父戊爵

四字。

參見《簠齋金文題識》頁五九

一三五

[illegible]父辛爵　01027.2.38

商晚期

銘文字數：三

《集成》著録編號：〇八六四三

釋文

[illegible]　父辛

院藏信息

文字拓，登録號01027.2.38，一頁，鈐印：簠齋藏古酒器

文字拓，登録號00971.41，一頁，鈐印：簠齋藏古酒器

附録

[illegible]父辛爵

三字。

參見《簠齋金文題識》頁六〇

一三六

子丁爵 01027.2.14

商晚期

該器現藏：日本奈良國立博物館

銘文字數：二

《集成》著録編號：〇八一一二

釋文

子丁

院藏信息

文字拓，登録號01027.2.14，一頁，鈐印：簠齋藏古酒器

文字拓，登録號00971.4.20，一頁，鈐印：簠齋藏古酒器

文字拓，登録號440238.3.22，一頁

全形拓，登録號00995.2.37，一開

附録

子丁爵

有觚。

二字。

參見《簠齋金文題識》頁五四

一三七

子老爵 01027.2.26

商晚期

銘文字數：二

《集成》著録編號：〇八〇七四

釋文

子老

（編者注：有學者認爲「」應釋作「保」，「」應釋作「瞽」，參見謝明文《商代金文研究》，中西書局，二〇二二年，第三三七至三三八頁）

院藏信息

文字拓，登録號01027.2.26，一頁，鈐印：簠齋藏古酒器

文字拓，登録號00971.4.54，一頁，鈐印：簠齋藏古酒器

附録

子在褓子執干形爵

二字。

子在褓，父戴冠扶杖。

參見《簠齋金文題識》頁五三

一三八

祖乙爵 01027.2.22

商晚期

銘文字數：二

《集成》著録編號：〇七八四七

釋文

祖乙

院藏信息

文字拓，登録號01027.2.22，一頁，鈐印：簠齋藏古酒器

文字拓，登録號00971.4.17，一頁，鈐印：簠齋藏古酒器

文字拓，登録號440238.3.24，一頁

全形拓，登録號00995.5.13，一開

附録

祖乙爵

二字。

參見《簠齋金文題識》頁五四

一三九

山丁爵

01027.2.33

商晚期

銘文字數：二

《集成》著録編號：〇八〇一七

釋文

山丁

院藏信息

文字拓，登録號01027.2.33，一頁，鈐印：簠齋藏古酒器

文字拓，登録號00971.4.19，一頁，鈐印：簠齋藏古酒器

文字拓，登録號44038.3.20，一頁

全形拓，登録號00995.5.10，一開

附録

山丁爵

二字。

參見《簠齋金文題識》頁五四

一四〇

父甲爵 01027.2.23

商晚期

銘文字數：二

《集成》著録編號：〇七八七七

釋文

父甲

院藏信息

文字拓，登録號01027.2.23，一頁，鈐印：簠齋藏古酒器

文字拓，登録號00971.4.26，一頁，鈐印：簠齋藏古酒器

附録

父甲爵

二字。

癸酉得此濰市，十干乃備。

參見《簠齋金文題識》頁五六

一四一

父丁爵 01027.2.29

商晚期

銘文字數：二

《集成》著録編號：〇七九〇二

釋文

父丁

院藏信息

文字拓，登録號01027.2.29，一頁，鈐印：簠齋藏古酒器

文字拓，登録號00971.4.36，一頁，鈐印：簠齋藏古酒器

文字拓，登録號440238.3.26，一頁

全形拓，登録號00995.5.16，一開

附録

父丁爵

二字。

陽識。

參見《簠齋金文題識》頁五八

一四二

父丁爵 01027.2.15

商晚期

銘文字數：二

《集成》著録編號：○七九○七

釋文

父丁

院藏信息

文字拓，登録號01027.2.15，一頁，鈐印：簠齋藏古酒器

文字拓，登録號00971.4.34，一頁，鈐印：簠齋藏古酒器

一四三

戌□爵

01027.2.04

商晚期

銘文字數：二

《集成》著録編號：〇八二三九

釋文

戌□

院藏信息

文字拓，登録號01027.2.04，一頁，鈐印：簠齋藏古酒器

文字拓，登録號00971.4.14，一頁，鈐印：簠齋藏古酒器

文字拓，登録號440238.3.27，一頁

全形拓，登録號00995.5.11，一開

附録

立瞿中□爵

三字。

中非中，中作中，□當是總角形。

參見《簠齋金文題識》頁五三

一四四

蚑□爵

01027.2.28

商晚期

銘文字數：二

《集成》著録編號：〇八一八九

釋文

蚑□

院藏信息

文字拓，登録號01027.2.28，一頁，鈐印：簠齋藏古酒器

文字拓，登録號00971.4.23，一頁，鈐印：簠齋藏古酒器

附録

手執節（手執中）爵

山左土物。

參見《簠齋金文題識》頁五五

一四五

𠘨爵 01027.3.39

商晚期

銘文字數：一

《集成》著録編號：〇七六九二

釋文

𠘨

院藏信息

文字拓，登録號01027.3.39，一頁，鈐印：簠齋藏古酒器

文字拓，登録號00971.4.53，一頁

一四六

奄爵 01027.2.02

商晚期

銘文字數：一

《集成》著録編號：〇七四二八

釋文

奄

院藏信息

文字拓，登録號01027.2.02，一頁，鈐印：簠齋藏古酒器

文字拓，登録號00971.4.25，一頁，鈐印：簠齋藏古酒器

一四七

姰爵 01027.2.30

商晚期

銘文字數：一

《集成》著録編號：〇七四一四

釋文

姰

院藏信息

文字拓，登録號01027.2.30，一頁，鈐印：簠齋藏古酒器

附録

[illegible]爵

陽識。

參見《簠齋金文題識》頁六三

一四八

鳥爵 01027.2.18

商晚期

銘文字數：一

《集成》著録編號：〇七五七二

釋文

鳥

院藏信息

文字拓，登録號01027.2.18，一頁，鈐印：簠齋藏古酒器

文字拓，登録號00971.4.50，一頁，鈐印：簠齋藏古酒器

附録

鵜爵

有觚。

一字。

鵜，一名淘河，見《詩傳》，頷下如斗，囊容水數升。

爵取飲少，鵜取飲多，皆示戒也。

參見《簠齋金文題識》頁六二

一四九

□爵 01027.2.34

商晚期

銘文字數：一

《集成》著録編號：〇七六六一

釋文

□

院藏信息

文字拓，登録號01027.2.34，一頁，鈐印：簠齋藏古酒器

文字拓，登録號440238.3.35，一頁

全形拓，登録號00995.5.18，一開

附録

舉爵

一字。

參見《簠齋金文題識》頁六二

一五〇

戈爵

440238.3.21

商晚期

銘文字數：一

釋文

戈

院藏信息

文字拓，登録號440238.3.21，一頁

全形拓，登録號00095.5.08，一開

一五一

父丁爵 01027.2.24

商晚期或西周早期

銘文字數：二

《集成》著録編號：〇七九〇四

釋文

父丁

院藏信息

文字拓，登録號01027.2.24，一頁，鈐印：簠齋藏古酒器

文字拓，登録號00971.4.35，一頁，鈐印：簠齋藏古酒器

文字拓，登録號440238.3.25，一頁

全形拓，登録號00995.5.15，一開

附録

父▢（丁）爵

二字。

參見《簠齋金文題識》頁五八

一五二

丁冉爵 01027.2.58

商晚期或西周早期
銘文字數：二
《集成》著録編號：〇八〇二〇

釋文

丁　冉

院藏信息

文字拓，登録號01027.2.58，一頁，鈐印：簠齋藏古酒器
文字拓，登録號00971.4.21，一頁，鈐印：簠齋藏古酒器

附録

丁舉爵
陽識。
二字。
參見《簠齋金文題識》頁五五

一五三 盂爵 01027.4.37

西周早期
該器現藏：香港御雅居
銘文字數：二十一
《集成》著録編號：〇九一〇四

釋文

唯王初桒于
成周，王令盂
寧登（鄧）伯。賓
貝，用作父寶尊彝。

院藏信息

文字拓，登録號01027.4.37，一頁，鈐印：
文字之福、簠齋藏古酒器、海濱病史
文字拓，登録號00971.4.05，一頁
全形拓，登録號00995.3.07，一開

附録

盂爵
四行二十一字，文在腹内。
傳世之爵，文莫多于此，爵之至佳者。
隹王初桒于成周王令（命）盂寧鄧伯賓貝用作父寶尊彝（二字在賓下）。
《説文》鄧，曼姓之國。《春秋》桓二年，蔡侯鄭伯會于鄧。昭十三年傳盟于鄧。杜云潁川西南召陵縣有鄧城。
盂當即南公之孫作鼎者，成王時人。南公，《書》誤作南宫。此文曰父，鼎文曰乃祖南公，惜未曰父某耳。
參見《簠齋金文題識》頁五〇

一五四

逹祖辛爵 01027.2.35

西周早期

銘文字數：六

《集成》著録編號：〇九〇四六

釋文

逹作祖辛旅彝

院藏信息

文字拓，登録號01027.2.35，一頁，鈐印：簠齋藏古酒器

文字拓，登録號00971.4.07，一頁，鈐印：簠齋藏古酒器

附録

□作祖辛爵

六字，在柱外至圍。

□，作器者名，不可識。

參見《簠齋金文題識》頁五一

一五五

𦖞爵

01027.4.48

西周早期

該器現藏：故宫博物院

銘文字數：五

《集成》著録編號：〇九〇三二

釋文

𦖞（聞）作寶

尊彝

院藏信息

文字拓，登録號01027.4.48，一頁，鈐印：簠齋藏古酒器、平生有三代文字之好

文字拓，登録號00971.4.06，一頁，鈐印：簠齋藏古酒器、海濱病史

全形拓，登録號00995.3.08，一開

附録

𤞷爵

五字。文在腹内。

參見《簠齋金文題識》頁五一

一五六

癸旻爵 01027.2.42

西周早期

銘文字數：五

《集成》著録編號：〇九〇三四

釋文

癸旻作考戊

院藏信息

文字拓，登録號01027.2.42，一頁，鈐印：簠齋藏古酒器

文字拓，登録號00971.4.08，一頁，鈐印：簠齋藏古酒器

文字拓，登録號440238.3.16，一頁

全形拓，登録號00995.5.05，一開

附録

癸叟爵

五字，在柱外至闈。

參見《簠齋金文題識》頁五一

一五七

父戊舟爵 之一 01027.2.19

西周早期

該器現藏：故宮博物院

銘文字數：五

《集成》著録編號：〇九〇一二

釋文

作尊

父戊 舟

院藏信息

文字拓，登録號01027.2.19，一頁，鈐印：簠齋藏古酒器、平生有三代文字之好

文字拓，登録號00971.4.11，一頁，鈐印：簠齋藏古酒器

文字拓，登録號440238.3.19，一頁

全形拓，登録號00995.5.07，一開

附録

父戊舟爵

五字。

乍尊在柱，父戊舟在流之頤。

參見《簠齋金文題識》頁五二

一五八

父戊舟爵 之二 01027.2.20

西周早期

該器現藏：故宮博物院

銘文字數：五

《集成》著録編號：〇九〇一三

釋文

作尊

父戊 舟

院藏信息

文字拓，登録號01027.2.20，一頁，鈐印：簠齋藏古酒器

文字拓，登録號00971.4.12，一頁，鈐印：簠齋藏古酒器、平生有三代文字之好

文字拓，登録號440238.3.18，一頁

全形拓，登録號00995.5.06，一開

附録

父戊舟爵（其二）

五字。

[illegible]字反。

參見《簠齋金文題識》頁五二

一五九

□作父乙爵

01027.2.06

西周早期

銘文字數：四

《集成》著録編號：〇八八七八

釋文

□ 作父乙

院藏信息

文字拓，登録號01027.2.06，一頁，鈐印：簠齋藏古酒器

文字拓，登録號00971.4.28，一頁，鈐印：簠齋藏古酒器

附録

□□父乙爵

四字。

□在柱，三字鋬內。

參見《簠齋金文題識》頁五六

一六〇

西父辛爵 01027.2.59

西周早期

銘文字數：三

《集成》著録編號：〇八六二三

釋文

西　父辛

院藏信息

文字拓，登録號01027.2.59，一頁，鈐印：簠齋藏古酒器

文字拓，登録號00971.4.40，一頁，鈐印：簠齋藏古酒器

文字拓，登録號440238.3.31，一頁

全形拓，登録號00995.5.17，一開

附録

西（酒）父辛爵

三字。

西即酒。

參見《簠齋金文題識》頁五九

一六一

獸父癸爵 01027.2.36

西周早期

該器現藏：故宮博物院

銘文字數：三

《集成》著録編號：〇八六九二

釋文

獸

父癸

院藏信息

文字拓，登録號01027.2.36，一頁，鈐印：簠齋藏古酒器

文字拓，登録號00971.4.09，一頁，鈐印：簠齋藏古酒器

文字拓，登録號44038.3.15，一頁

全形拓，登録號00995.5.04，一開

附録

二龍奉中父癸爵

三字。

參見《簠齋金文題識》頁五一

一六二

文父丁爵

01027.2.13

西周早期

銘文字數：三

《集成》著録編號：〇八五〇七

釋文

文 父丁

院藏信息

文字拓，登録號01027.2.13，一頁，鈐印：簠齋藏古酒器

文字拓，登録號00971.4.31，一頁，鈐印：簠齋藏古酒器

全形拓，登録號00995.3.09，一開

附録

文父丁爵

三字。

文字與文父乙卯𣪘字同。

參見《簠齋金文題識》頁五七

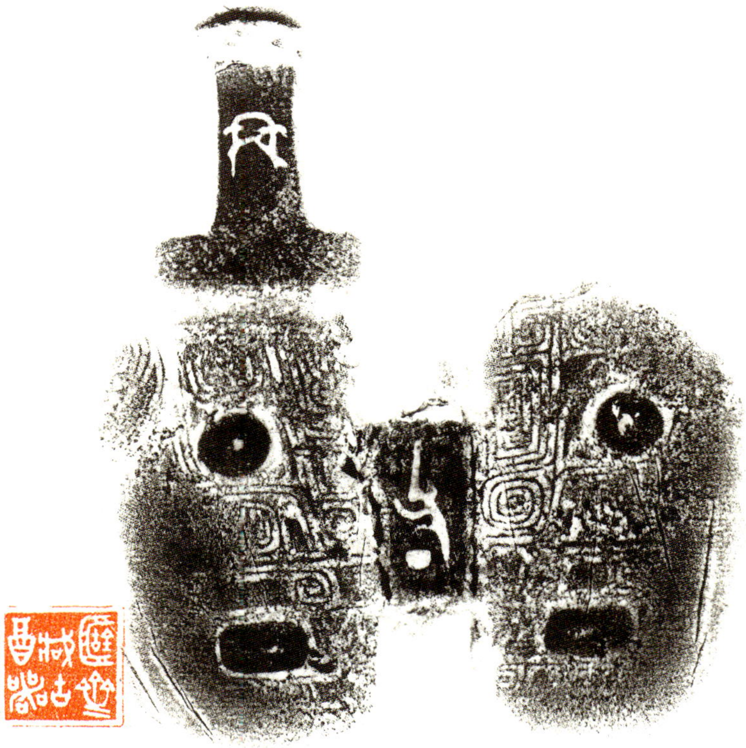

一六三

冉父丁爵 01027.2.05

西周早期

銘文字數：三

《集成》著録編號：〇八四八二

釋文

冉 父丁

院藏信息

文字拓，登録號01027.2.05，一頁，鈐印：簠齋藏古酒器

文字拓，登録號00971.4.33，一頁，鈐印：簠齋藏古酒器

一六四

集父癸爵

01027.2.03

西周早期

該器現藏：上海博物館

銘文字數：三

《集成》著録編號：〇八六九六

釋文

集　父癸

院藏信息

文字拓，登録號01027.2.03，一頁，鈐印：簠齋藏古酒器

文字拓，登録號00971.4.47，一頁，鈐印：簠齋藏古酒器

附録

集木父癸爵

三字。

參見《簠齋金文題識》頁六一

一六五

作乙公爵 01027.2.41

西周早期

銘文字數：三

《集成》著録編號：〇八八二五

釋文

作乙公

院藏信息

文字拓，登録號01027.2.41，一頁，鈐印：簠齋藏古酒器

文字拓，登録號00971.4.22，一頁，鈐印：簠齋藏古酒器

附録

乍乙公爵

三字。在柱。

參見《簠齋金文題識》頁五五

一七〇

龍爵 之一 01027.2.08

西周早期

銘文字數：一

《集成》著録編號：〇七五三四

釋文

龍

院藏信息

文字拓，登録號01027.2.08，一頁，鈐印：簠齋藏古酒器

文字拓，登録號00971.4.49，一頁，鈐印：簠齋藏古酒器

文字拓，登録號44238.3.36，一頁

全形拓，登録號00995.2.35，一開

附録

饕餮爵

一字。向右。

柱上齊字形與器文同。古甚。

參見《簠齋金文題識》頁六一

一七一

龍爵 之二 01027.2.17

西周早期

該器現藏：上海博物館

銘文字數：一

《集成》著録編號：〇七五三三

釋文

龍

院藏信息

文字拓，登録號01027.2.17，一頁，鈐印：簠齋藏古酒器

文字拓，登録號00971.4.48，一頁，鈐印：簠齋藏古酒器

文字拓，登録號440238.3.37，一頁

全形拓，登録號00995.2.36，一開

附録

饕餮爵（其二）

一字，向左。

參見《簠齋金文題識》頁六一

一七二

入爵 01027.3.38

西周早期

銘文字數：一

《集成》著録編號：〇七六九三

釋文

入

院藏信息

文字拓，登録號01027.3.38，一頁，鈐印：簠齋藏古酒器

文字拓，登録號00971.4.52，一頁，鈐印：簠齋藏古酒器

角

宰椃角／[illegible]父乙爻角

器銘（01027.3.45）

鋬內銘（01027.2.09）

一七三

宰椃角

01027.3.45 01027.2.09

商晚期

該器現藏：日本京都泉屋博古館

銘文字數：三十一（又合文一、鋬二、口二十九）

《集成》著録編號：〇九一〇五

器釋文

庚申，王在闌，
王各（格），宰椃從，
賜貝五朋，用作父丁
尊彝。在六月，唯王
廿祀，翌又五。

鋬內釋文

庸册

院藏信息

文字拓，登録號01027.3.45（器銘）、01027.2.09（鋬內銘），二頁，
器銘拓本鈐印：簠齋藏三代器，鋬內銘拓本鈐印：簠齋藏古酒器

文字拓，登録號00971.4.01.1（器銘）、00971.4.01.2（鋬內銘），二頁

文字拓，登録號440238.4.02，一頁

全形拓，登録號00995.5.01，一開

附録

宰椃角

器內三十五字，鋬內二字。

揚州阮文達公舊藏，見《揅經室詩》。

椃即敔。

參見《簠齋金文題識》頁四八

一七四

□父乙爻角 01027.2.76

商晚期

銘文字數：四

《集成》著録編號：〇八八五七

釋文

□（敢）

父乙　爻

院藏信息

文字拓，登録號01027.2.76，一頁，鈐印：簠齋藏古酒器

文字拓，登録號00971.4.02，一頁

文字拓，登録號440238.4.03，一頁

全形拓，登録號00995.5.02，一開

附録

父乙爻角

五字。

字古，是商。

□字肘有一丨，肘有懸筆，猶後世之橐筆。二手奉中，史之義也。

參見《簠齋金文題識》頁四八至四九

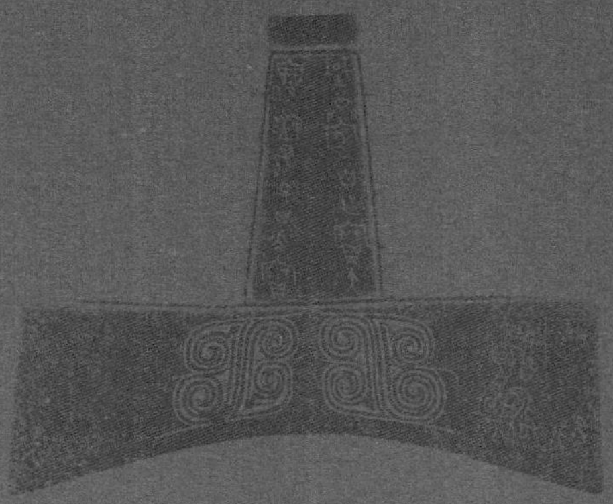

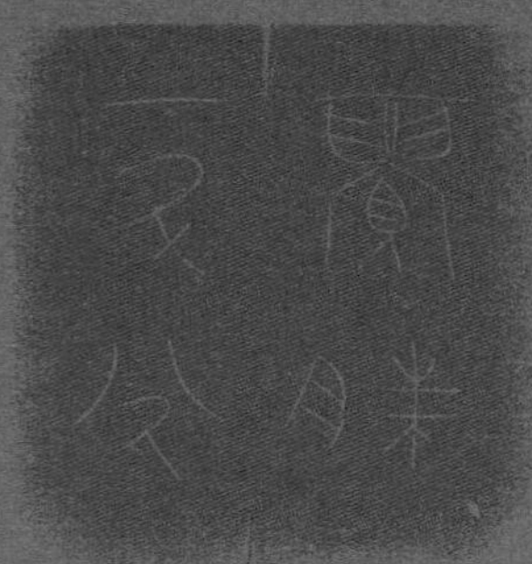

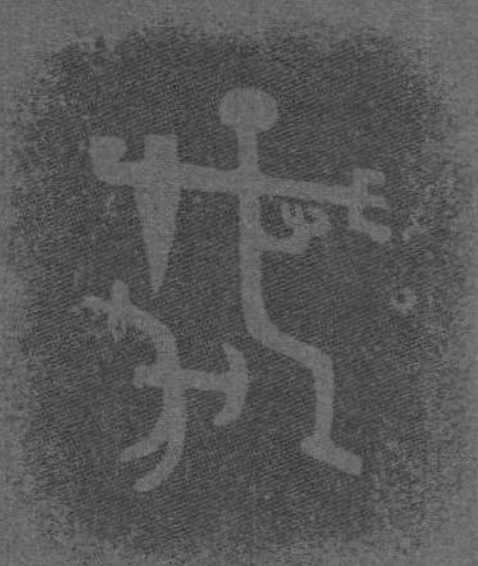
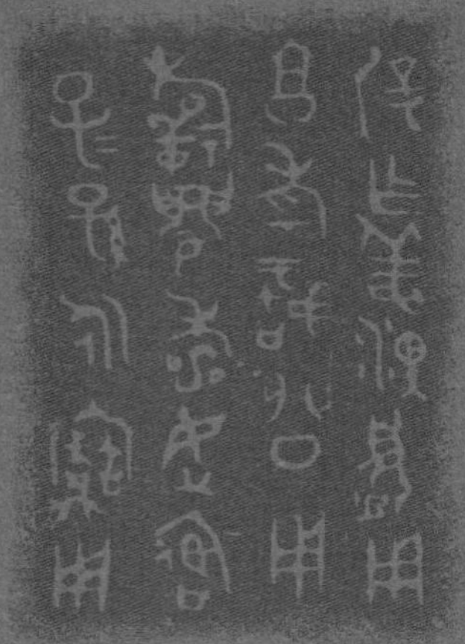
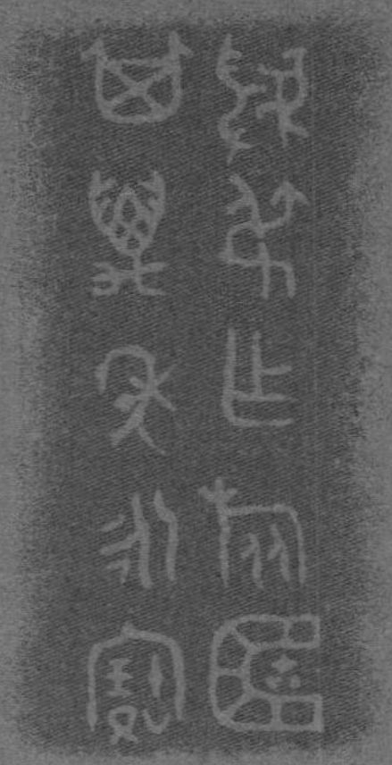
 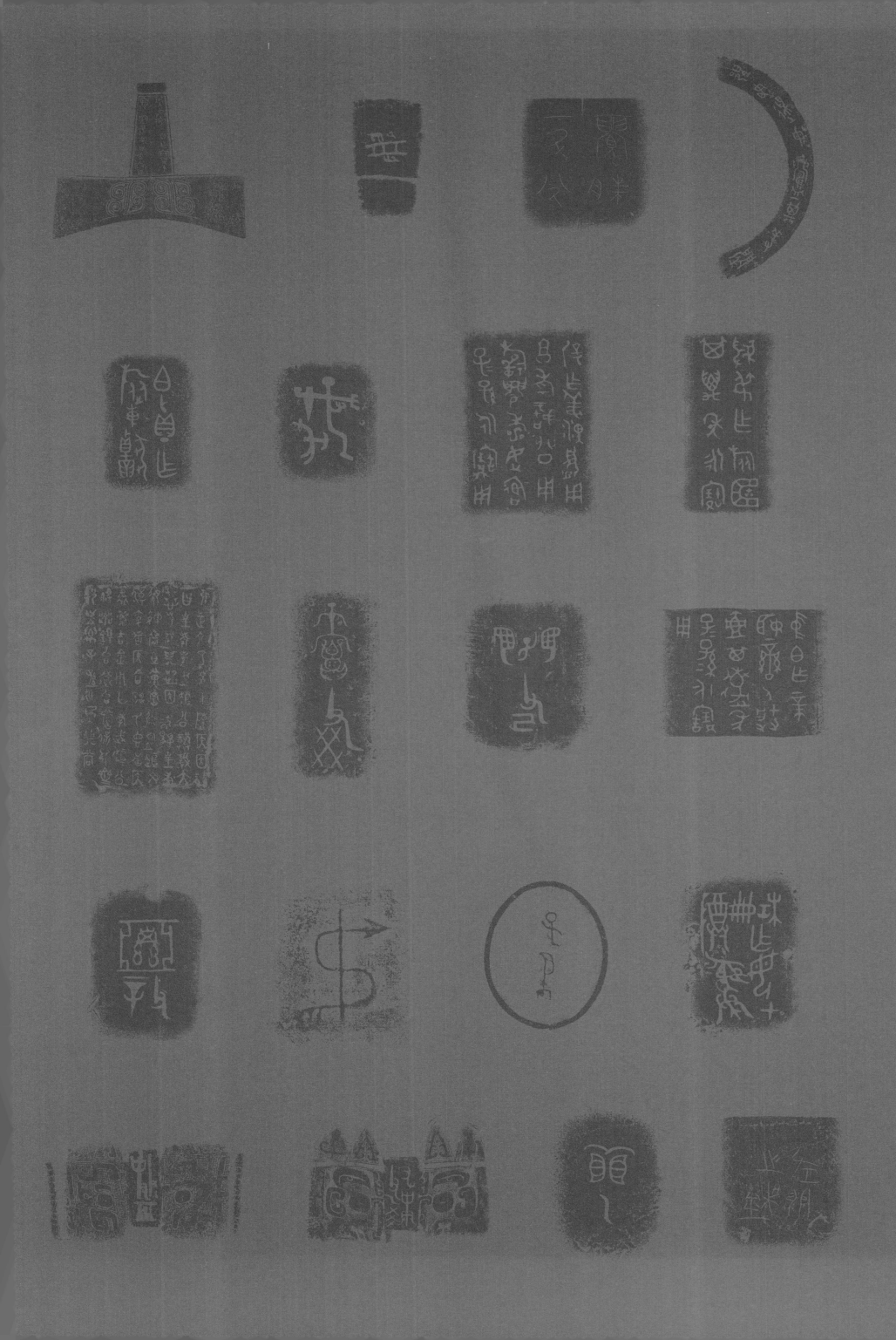
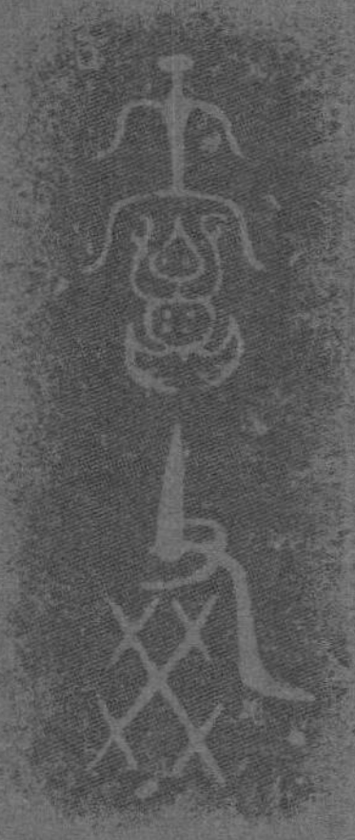

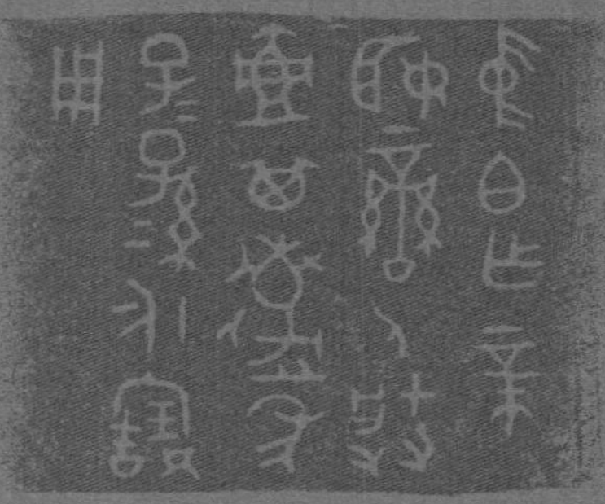

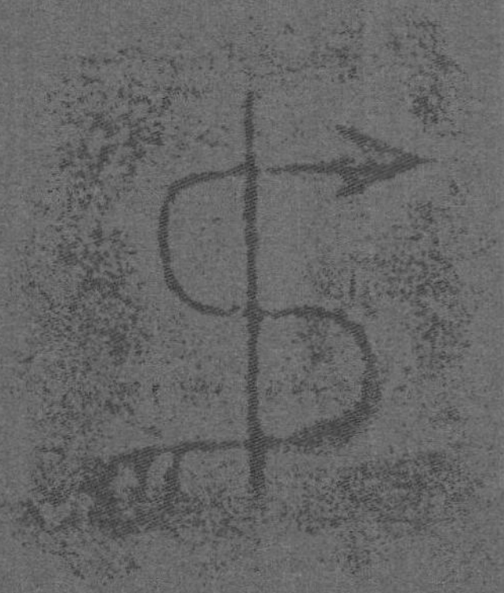

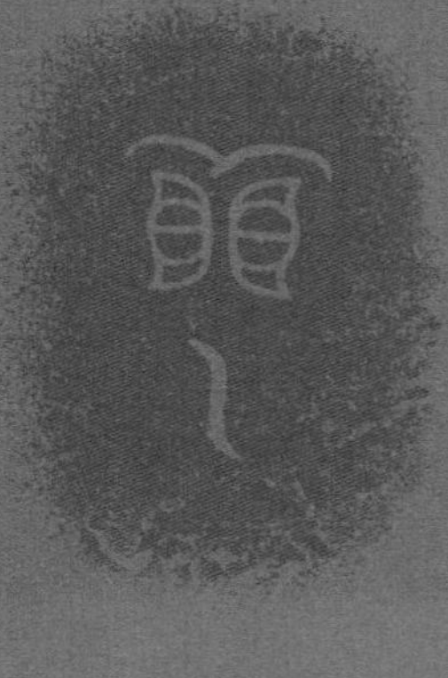
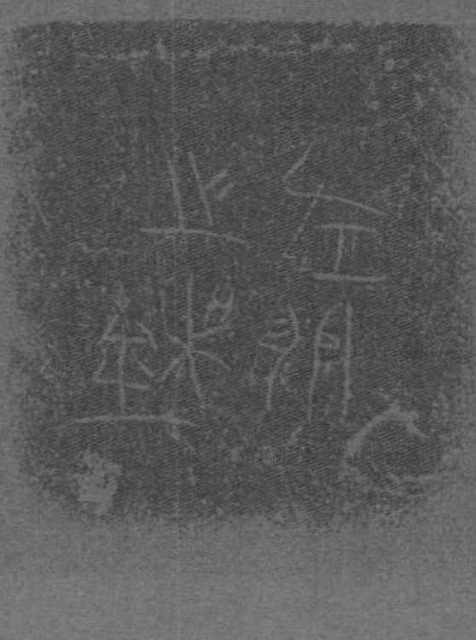

斝

乙斝／宁狽父丁斝

一七五

□乙罍 01027.3.42

商晚期

該器現藏：上海博物館

銘文字數：二

《集成》著録編號：〇九一八五

釋文

□乙

院藏信息

文字拓，登録號01027.3.42，一頁，鈐印：簠齋藏古酒器

文字拓，登録號00971.2.27，一頁，鈐印：簠齋藏古酒器

文字拓，登録號440238.4.04，一頁

全形拓，登録號00995.2.28，一開

附録

□乙罍

器如爵而圜，無流角，足似爵。尖足。

二字。

字作眉目形。

周以前。

參見《簠齋金文題識》頁四一

一七六

宁狽父丁斝 01027.3.43

西周早期
該器現藏：故宫博物院
銘文字數：六
《集成》著録編號：〇九二四二

釋文

宁狽　作父丁彝

院藏信息

文字拓，登録號01027.3.43，一頁，鈐印：簠齋藏古酒器
文字拓，登録號00971.2.26，一頁，鈐印：簠齋藏古酒器
文字拓，登録號440238.4.05，一頁
全形拓，登録號00095.2.29，一開

附録

亚（形）虎父丁斝
款足如鬲鼎，有兩柱及鋬。文在鋬内。
六字。
斝未見古字。
斝似非飲器，疑尊卣之屬，或即大斗之名，上吅即兩柱形，下从斗，言其所容與。
參見《簠齋金文題識》頁四〇至四一

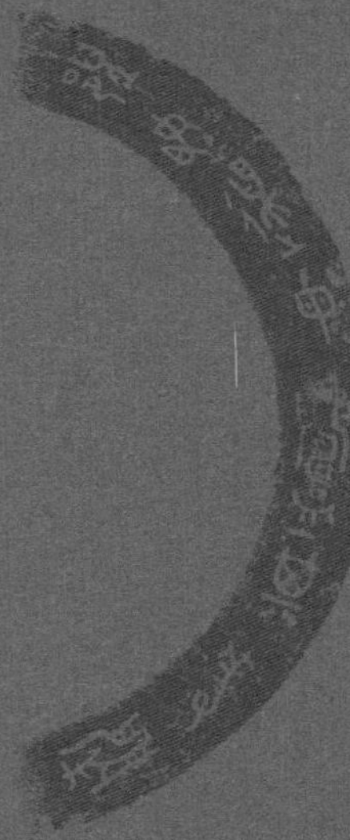

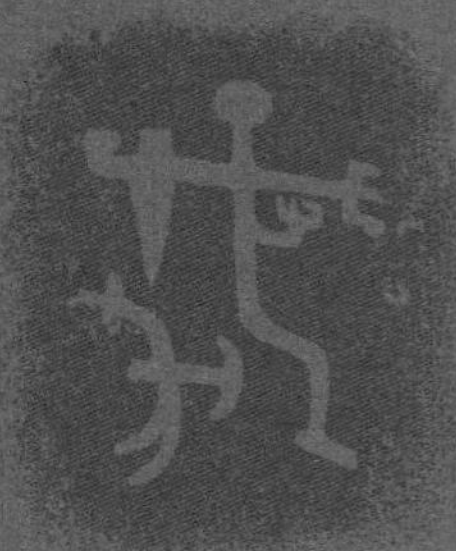

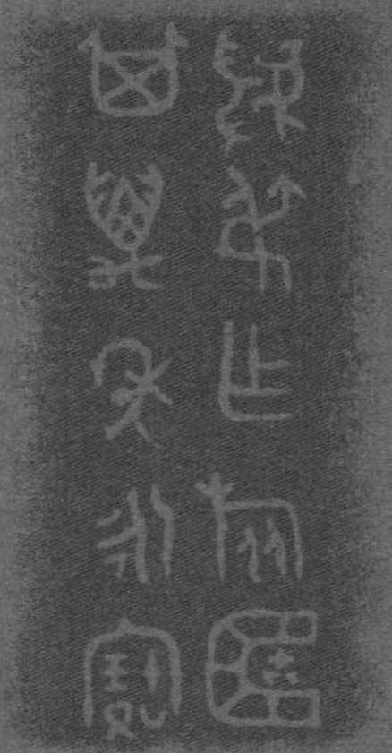
 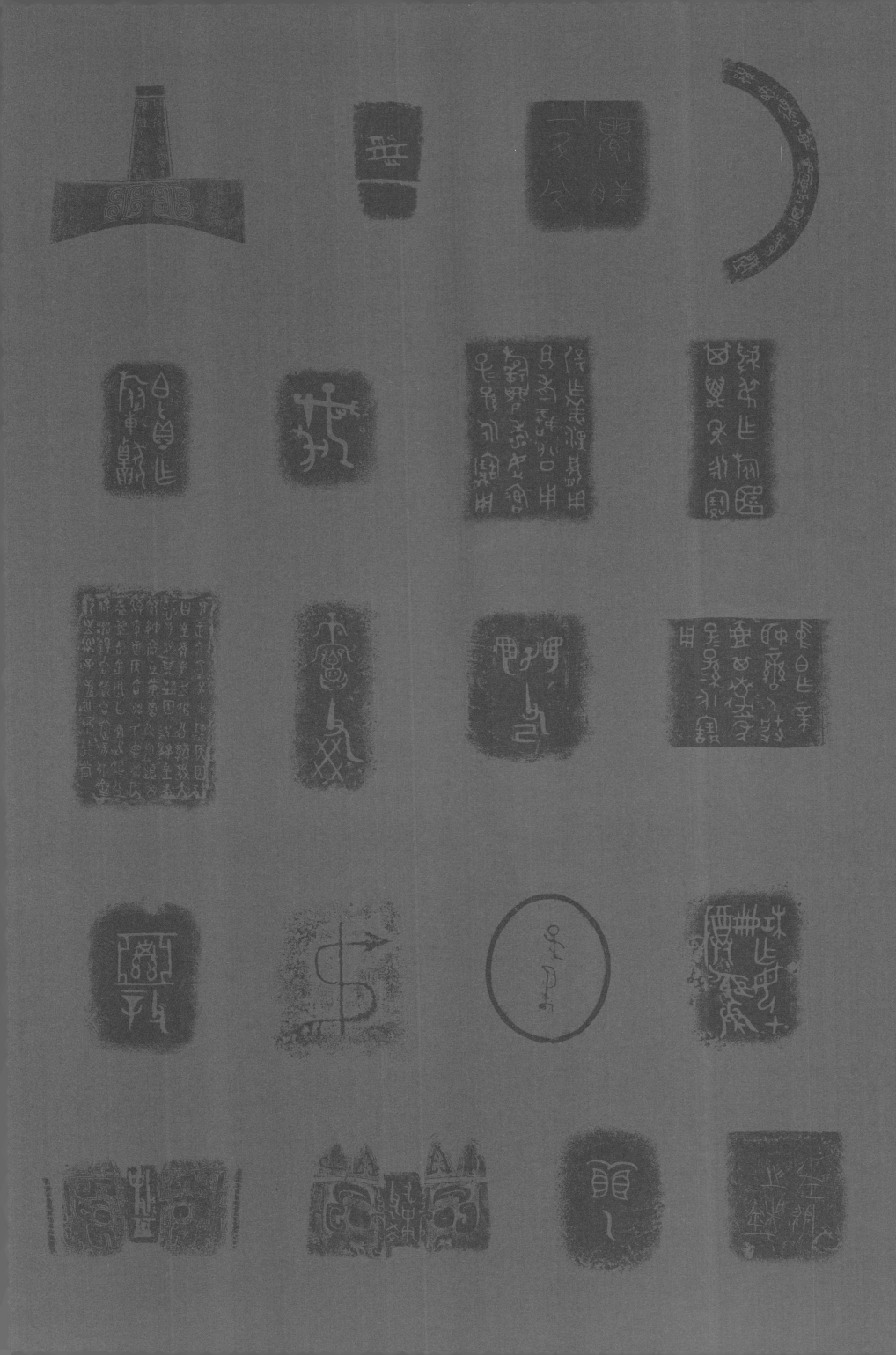
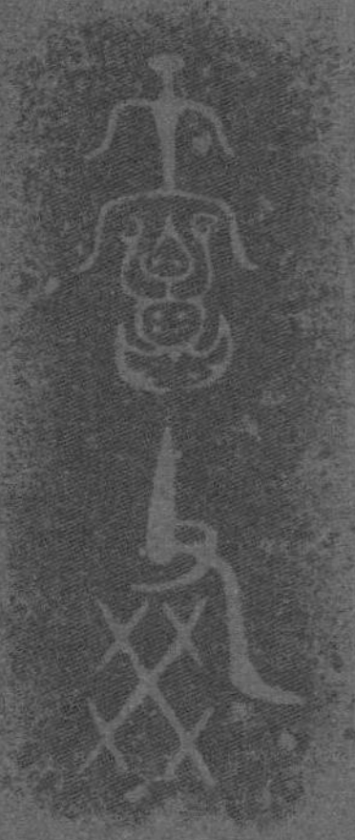

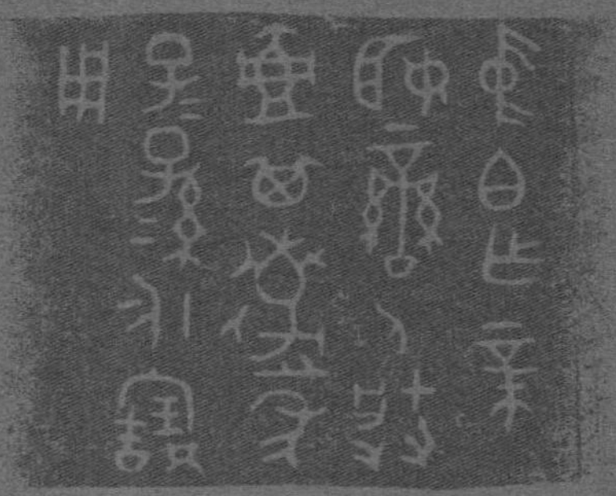

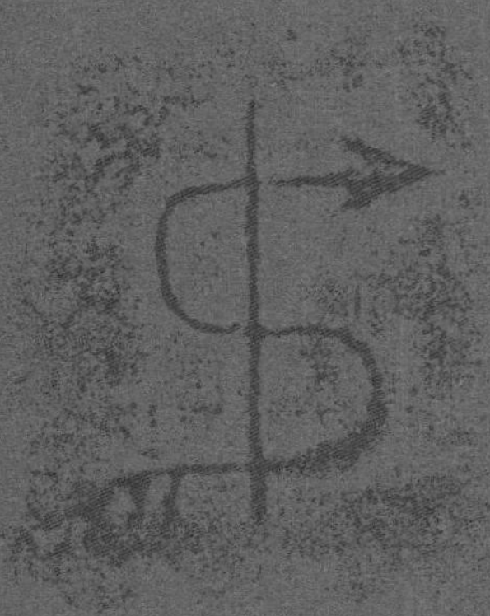
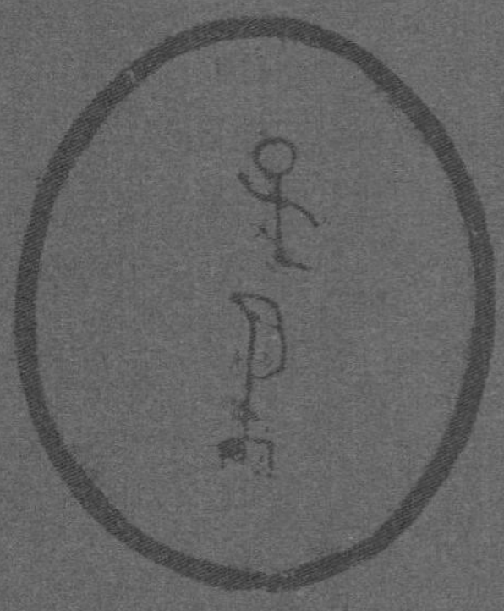

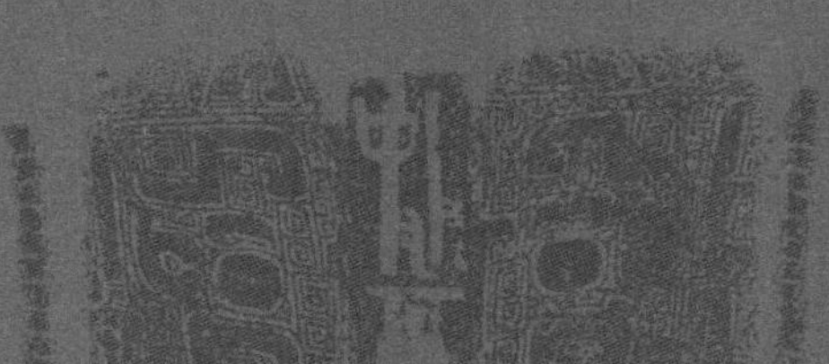

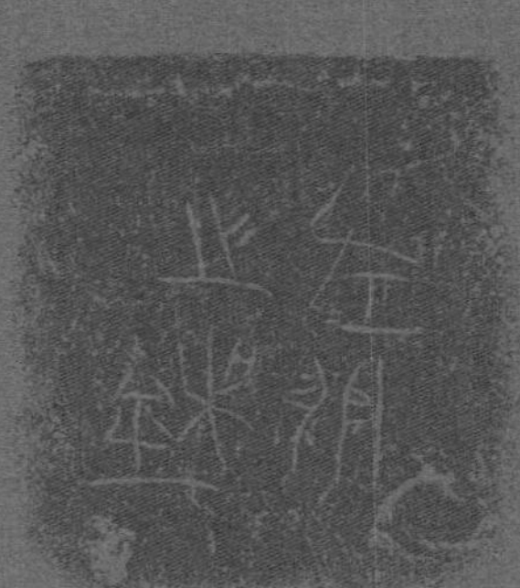

盤

⿰豕田父盤／仲盤／陶子盤／兮甲盤／取膚盤／齊大宰歸父盤

一七七

畯父盤 01027.4.04

西周早期

該器現藏：美國波士頓美術博物館

銘文字數：六

《集成》著録編號：一〇〇六八

釋文

畯父作寶尊彝

院藏信息

文字拓，登録號01027.4.04，一頁，鈐印：簠齋藏三代器

文字拓，登録號00971.5.05，一頁，鈐印：簠齋藏三代器

全形拓，登録號00995.2.17，一開

附録

緵父盤

六字。

參見《簠齋金文題識》頁六五

一七八 仲盤 01027.4.10

西周中期
銘文漫漶，字數約三十
《商周青銅器銘文暨圖像集成》著録編號：一四五〇九

釋文

弔（叔）皇父賜仲貝，
仲䟫（揚）弔（叔）休，
用作父丁寶
尊彝，孫子其
永寶弔（叔）休，萬
年不塱（亡）。◆】

（編者注：釋文據《商周青銅器銘文暨圖像集成》一四五〇九校，略作調整。「塱」釋作「亡」，參見何景成《西周銅器銘文「毋望」含義説解》，北京大學出土文獻研究所編《青銅器與金文》第四輯，二〇二〇年九月）

院藏信息

文字拓，登録號01027.4.10，一頁，鈐印：簠齋藏三代器
文字拓，登録號00971.6.28，一頁，鈐印：簠齋藏三代器

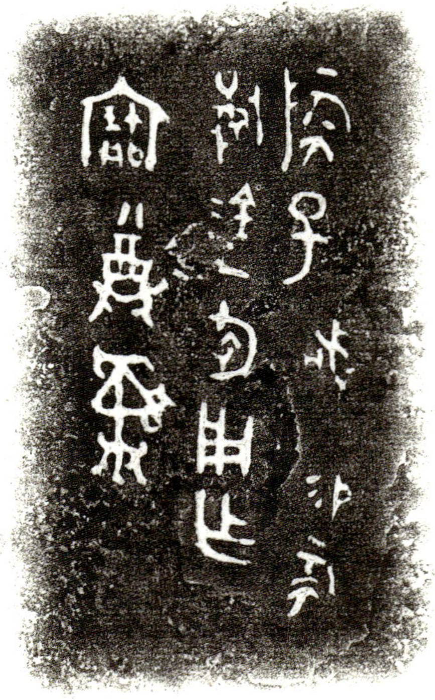

一七九

陶子盤

01027.2.70

西周中期

該器現藏：上海博物館

銘文字數：十四

《集成》著録編號：一〇一〇五

釋文

陶子或（戓？）賜匋（陶）
姛金一鈞，用作
寶尊彝。

院藏信息

文字拓，登録號01027.2.70，一頁，鈐印：簠齋藏三代器

文字拓，登録號00971.5.04，一頁

全形拓，登録號00995.1.08，一開

附録

陵子盤

十四字。

□□當是作者名，陵子之臣也。第三字□似國。

參見《簠齋金文題識》頁六四至六五

一八〇

兮甲盤 01027.4.19

西周晚期

銘文字數：一百二十九（又重文四）

《集成》著録編號：一〇一七四

釋文

唯五年三月既死霸，庚寅，
王初各（格）伐厰（玁）歀（狁）于䍐（彭）𠊫（衙）。兮
甲從王，折首執訊，休，亡敃。
王賜兮甲馬亖（四）匹、駒車，王
令甲政𤔲（嗣）成周亖（四）方責（積），至
于南淮尸（夷）。淮尸（夷）舊（久）我貟（帛）晦人，毋
敢不出其貟（帛）、其責（積）、其進人，
其賈毋敢不即𠂤（次）即市。敢
不用令（命），則即井（刑）撲伐。其唯
我諸侯百生（姓），厥賈毋不即
市，毋敢或入䜌（闌）宄賈，則亦
井（刑）。兮伯吉父作盤，其眉壽
萬年無疆，子子孫孫永寶用。

院藏信息

文字拓，登録號01027.4.19，一頁，鈐印：文字之福、平生有三代文字之好、簠齋藏三代器、海濱病史

文字拓，登録號00971.5.01，一頁

全形拓，登録號00995.1.07，一開

附録

兮田盤

下半已缺。

一百三十三字。

字類石鼓，宣王時物也。魯誓事文。

出保陽官庫，見元陸友之《研北襍志》。

參見《簠齋金文題識》頁六三

一八一

取膚盤

01027.4.64

西周晚期

銘文字數：十七（又重文二）

《集成》著録編號：一〇一二六

釋文

取膚上子商鑄盤，

用媵之麗娸，

子子孫孫永寶用。

院藏信息

文字拓，登録號01027.4.64，一頁，鈐印：

簠齋藏三代器、海濱病史

文字拓，登録號00971.5.03，一頁，鈐印：

簠齋藏三代器、海濱病史

全形拓，登録號00995.3.18，一開

附録

商叡膚盤

十九字。

叡疑即賢。吴清卿云古取字，即郰古文省。

周以前。

虜疑古膚、盧字省，盧見吉金者不同此。

子上之二當膚之重文，，奇字。

參見《簠齋金文題識》頁六四

一八二

齊大宰歸父盤 01027.3.29

春秋

該器現藏：上海博物館

銘文字數：二十四

《集成》著録編號：一〇一五一

釋文

唯王八月
丁亥，齊大
宰歸父𠂤
爲妀（己）沬盤，
以祈眉壽，
靈命難老。

院藏信息

文字拓，登録號01027.3.29，一頁，鈐印：簠齋藏三代器、海濱病史

文字拓，登録號00971.5.02，一頁，鈐印：簠齋藏三代器、海濱病史

附録

齊太僕歸父殘盤

僅存底一片。沬盤也，惜器殘不見古制。二十四字，左行。霝自是靈，通令，亦可皆訓善。《筠清》釋遠遜《積古》。

參見《簠齋金文題識》頁六四

匜

取膚匜／曩孟姜匜／亽皇父匜／周寉匜／黄仲匜／鮇甫人匜／陳子匜

一八三

取虜匜 01027.4.63

西周晚期
該器現藏：故宫博物院
銘文字數：十七（又重文一）
《集成》著録編號：一〇二五三

釋文

取虜上子商鑄
匜，用媵之麗奴，
子孫孫永寶用。

院藏信息

文字拓，登録號01027.4.63，一頁，鈐印：篋齋藏三代器、海濱病史
文字拓，登録號00971.5.06，一頁
全形拓，登録號00995.3.16，一開

附録

商叡虍（虜）匜
十九字。
虍，盤作虜。
𣪕當是國名，真古奇字。
參見《簠齋金文題識》頁六五

一八四

㠱孟姜匜 01027.4.26

西周晚期

該器現藏：上海博物館

銘文字數：十五

《集成》著録編號：一〇二四〇

釋文

王婦㠱孟姜

作旅匜，其萬

年眉壽用之。

院藏信息

文字拓，登録號01027.4.26，一頁，鈐印：簠齋藏三代器

文字拓，登録號00971.5.08，一頁

附録

王婦㠱（杞）孟姜匜

十五字。

㠱即杞。

參見《簠齋金文題識》頁六六

一八五

函皇父匜 01027.4.47

西周晚期

該器現藏：上海博物館

銘文字數：十三（又重文一）

《集成》著録編號：一〇二二五

釋文

函皇父作

周娟（妘）匜，其子

孫孫永寶用。

院藏信息

文字拓，登録號01027.4.47，一頁，鈐印：簠齋藏三代器

文字拓，登録號00971.5.09，一頁，鈐印：李氏秘玩

全形拓，登録號00995.3.17，一開

一八六

周窀匜 01027.4.43

西周晚期

該器現藏：上海博物館

銘文字數：十二（又重文一）

《集成》著録編號：一〇二一八

釋文

西，周窀作救

姜寶匜，孫孫

永寶用。

院藏信息

文字拓，登録號01027.4.43，一頁，鈐印：簠齋藏三代器

文字拓，登録號00971.5.10，一頁，鈐印：簠齋藏三代器

文字拓，登録號44238.4.26，一頁

全形拓，登録號00995.2.42，一開

附録

周窀匜

十三字。

甲戌（編者注：清同治十三年）易秦量于潘伯寅。

參見《簠齋金文題識》頁六七

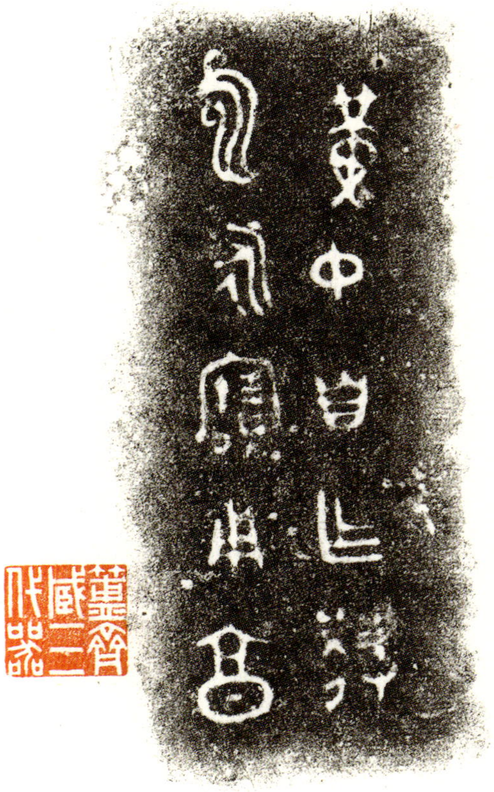

一八七

黃仲匜

01027.3.16

西周晚期

銘文字數：十

《集成》著録編號：一〇二一四

釋文

黃仲自作畮

匜，永寶用享。

院藏信息

文字拓，登録號01027.3.16，一頁，鈐印：簠齋藏三代器

文字拓，登録號00971.5.11，一頁，鈐印：簠齋藏三代器

文字拓，登録號440238.4.25，一頁

全形拓，登録號00995.1.25，一開

附録

黃中匜

十字。

參見《簠齋金文題識》頁六六

一八八

鮇甫人匜 01027.4.18

西周晚期

銘文字數：九

《集成》著録編號：一〇二〇五

釋文

鮇（蘇）甫人作媜

妃襄媵匜

院藏信息

文字拓，登録號01027.4.18，一頁，鈐印：簠齋藏三代器

文字拓，登録號00971.5.12，一頁，鈐印：簠齋藏三代器

附録

鮇（蘇）甫人匜

九字或十字。

字多奇。五七皆奇字，五作嫚，七似□。蘇當即《書》司寇蘇公之後，《左氏》蘇忿生以温爲司寇。

參見《簠齋金文題識》頁六七

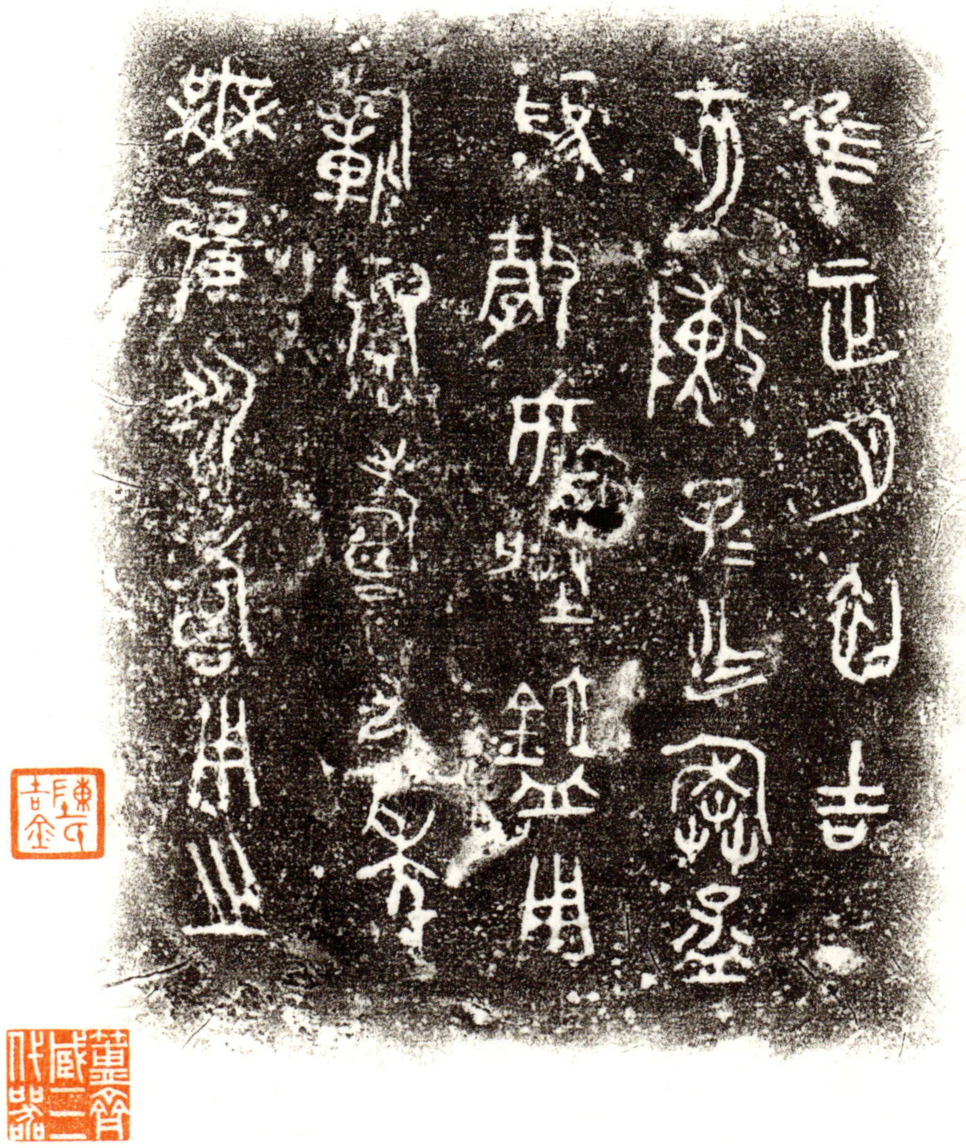

一八九

敶子匜

01027.4.35

春秋早期

該器現藏：故宫博物院

銘文字數：二十九（又重文一）

《集成》著録編號：一〇二七九

釋文

唯正月初吉丁
亥，敶（陳）子子，作𢊁孟
爲穀母媵匜，用
祈眉壽，萬年
無疆，永壽用之。

院藏信息

文字拓，登録號01027.4.35，一頁，鈐印：陳氏吉金、簠齋藏三代器

文字拓，登録號00971.5.07，一頁

附録

陳子子匜

三十字。

子子如《曲禮》女子子之父。陳居齊，濰近寒，真吾器也。字當是寒，古寒國今寒亭，在敝邑。山左土物。

參見《簠齋金文題識》頁六六

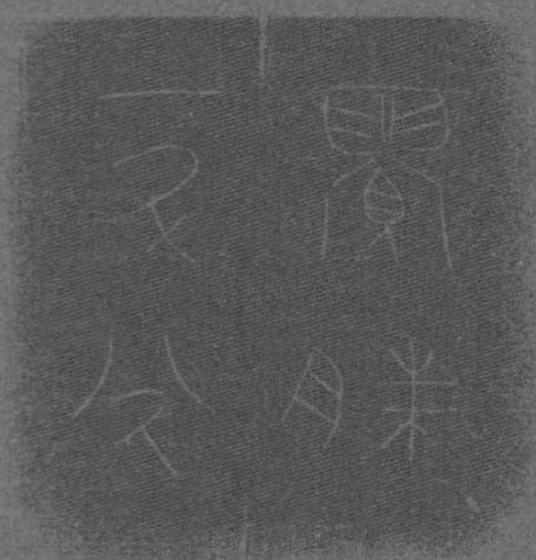

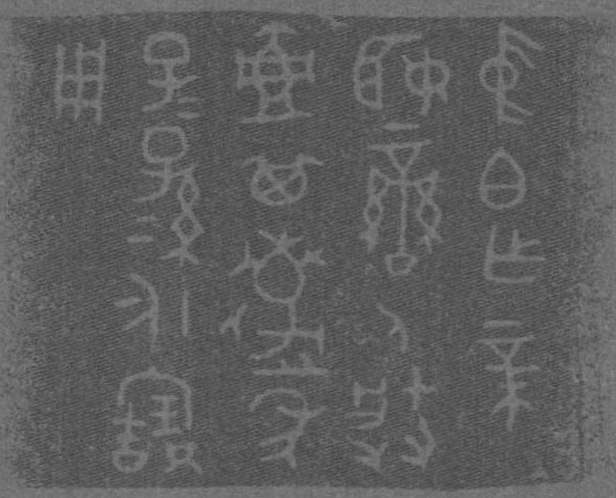

雜器

史孔巵／左關之鉙／右里敀量（鋬）／右里敀量（鋬）／子禾子釜／陳純釜／谷器器皿／豐王銅泡／豐銅泡／

周末古博具銅鏤鞠

一九〇

史孔卮

01027.2.73

春秋

該器現藏：中國國家博物館

銘文字數：九（又重文二）

《集成》著録編號：一〇三五二

釋文

史孔作

枳（卮），子子孫孫

永寶用。

（編者注：「□」釋作「枳（卮）」，參見李學勤《釋東周器名卮及有關文字》，收入氏著《文物中的古文明》，商務印書館，二〇〇八年）

院藏信息

文字拓，登録號01027.2.73，一頁，鈐印：簠齋藏三代器

文字拓，登録號00971.5.28，一頁，鈐印：簠齋藏三代器

文字拓，登録號440238.4.18，一頁

全形拓，登録號00995.1.23，一開

附録

史孔和（盉）

和即盉而小，無蓋足。

十一字。

得之濰市。

參見《簠齋金文題識》頁三八

一九一

左關之鋘 01027.2.67

戰國

該器現藏：上海博物館

銘文字數：四

《集成》著録編號：一〇三六八

釋文

左關之鋘（卮）

（編者注：「鋘」舊釋作「鉚」，今改釋，參見李學勤《釋東周器名卮及有關文字》，收入氏著《文物中的古文明》，商務印書館，二〇〇八年）

院藏信息

文字拓，登録號01027.2.67，一頁，鈐印：陳氏吉金、簠齋藏三代器

文字拓，登録號00971.5.15，一頁，鈐印：陳氏吉金、簠齋藏三代器

全形拓，登録號44028，一幀

附録

左關鋘

古量。

四字。

字不見許書。

十鋘正及區頸之肩，所謂小斗收也，大斗貸則當區矣。

形如半匏，有流，與二區同出膠西靈山衛古城址。

左關當是今靈山衛古城地，右關則今沂水縣之穆陵關也。余有右關司馬印，出齊地。

參見《簠齋金文題識》頁六八至六九

一九二

右里敀量（鎣）01027.3.27

戰國

該器現藏：中國國家博物館

銘文字數：四

《集成》著録編號：一〇三六六

釋文

右里

敀鎣

院藏信息

文字拓，登録號01027.3.27，一頁，鈐印：簠齋藏三代器

文字拓，登録號00971.5.29，一頁，鈐印：簠齋藏三代器

一九三

右里敀量（鎣）01027.3.28

戰國

該器現藏：中國國家博物館

銘文字數：四

《集成》著録編號：一〇三六七

釋文

右里

敀鎣

院藏信息

文字拓，登録號01027.3.28，一頁，鈐印：簠齋藏三代器

文字拓，登録號00971.5.30，一頁

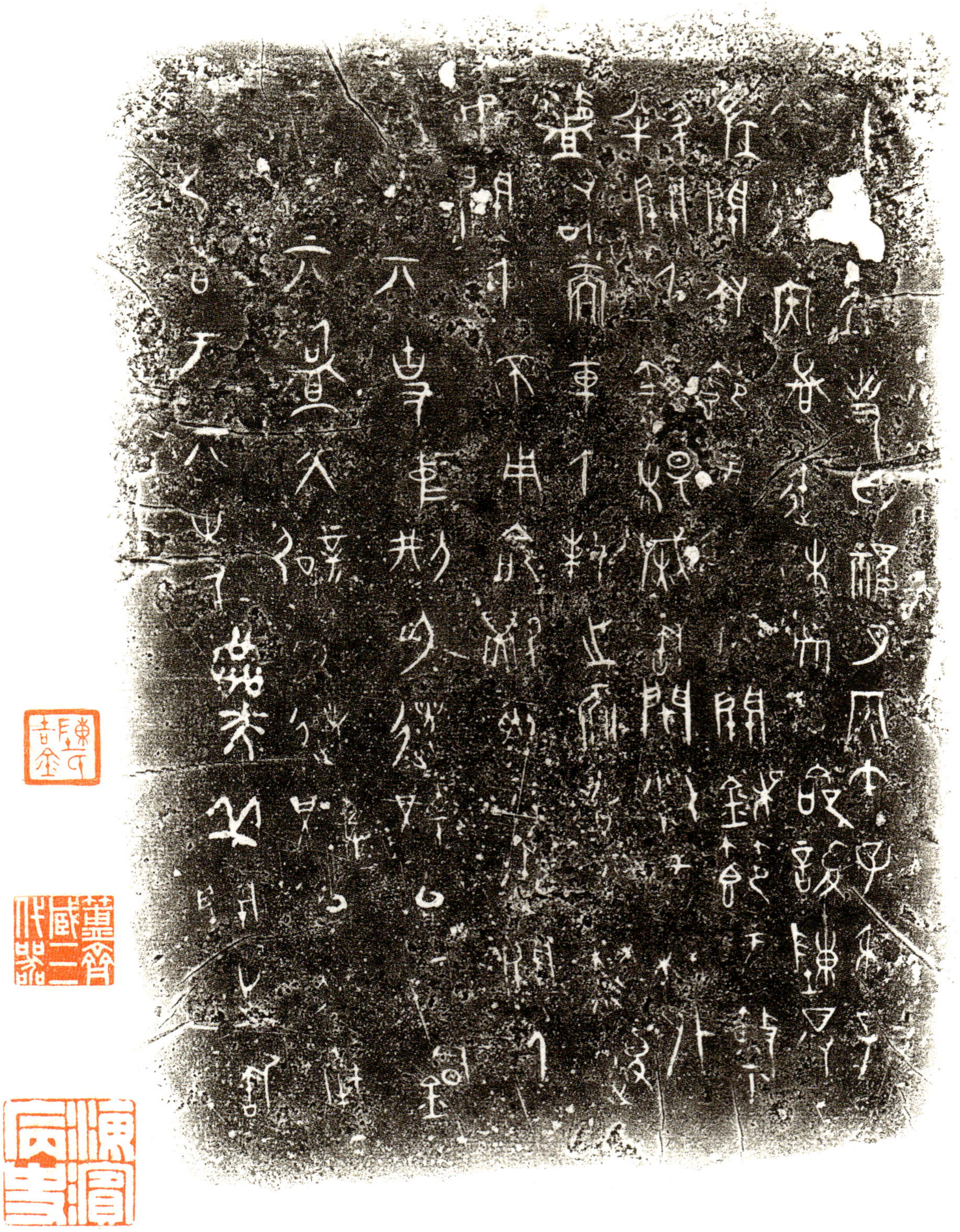

一九四

子禾子釜 01027.4.55

戰國

該器現藏：中國國家博物館

銘文字數：一百零八

《集成》著録編號：一〇三七四

釋文

□□立（涖）事歲，禝月丙午，子禾子
□□内者御梠□□命謏陳得：
左關釜節于數釜，關鉌節于數
粆，關人築桿威釜，閉料于□外，
溼釜而車人制之，而以□退
汝關人，不用命鼏（則）寅□，御關人
□□其事，中刑斤逘，贖以□半鈞，
□□其盟，厥辟□逘，贖以□犀，
□命者，于其事區夫，丘關之釜。

（編者注：釋文據《商周青銅器銘文暨圖像集成》一八八一八及相關研究校）

院藏信息

文字拓，登録號01027.4.55，一頁，鈐印：陳氏吉金、簠齋藏三代器、海濱病史

文字拓，登録號00971.5.13，一頁

附録

太公和釜

一百八字。

咸豐丁巳間，二區一鋘同出膠西靈山衛古城。張小雲爲購之。

參見《簠齋金文題識》頁六七至六八

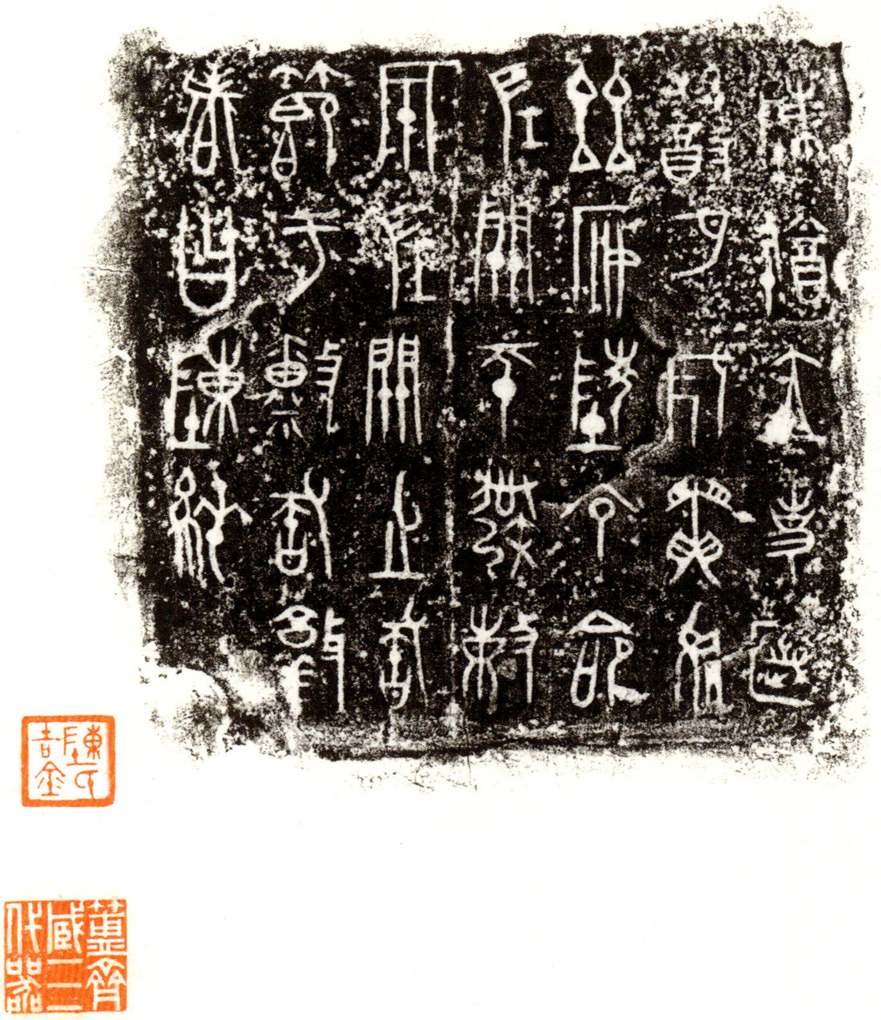

一九五

陳純釜　01027.4.09

戰國

該器現藏：上海博物館

銘文字數：三十四

《集成》著録編號：一〇三七一

釋文

陳猷立（涖）事歲，

䢦月戊寅，於

茲安陵，宛（縣）命

左關師發敕

成左關之釜，

節于廩釜，敦

者曰陳純。

（編者注：「[illegible]」釋作「宛（縣）」，參見趙平安《新出簡帛與古文字考論》，商務印書館，二〇〇九年，第一五一至一五四頁；李家浩《戰國文字中的「㝃」字》，復旦大學出土文獻與古文字研究中心編《出土文獻與古文字研究》第六輯，上海古籍出版社，二〇一五年，第二四七至二五三頁）

院藏信息

文字拓，登録號01027.4.09，一頁，鈐印：陳氏吉金、簠齋藏三代器

文字拓，登録號00971.5.14，一頁，鈐印：陳氏吉金、簠齋藏三代器

附録

陳猶畲

三十四字。

文中有區字。

區名太公和器文。《史記》今本誤嫗，得此可證。

吳清卿太史云[illegible]即畲，釜字，當名畲。

參見《簠齋金文題識》頁六八

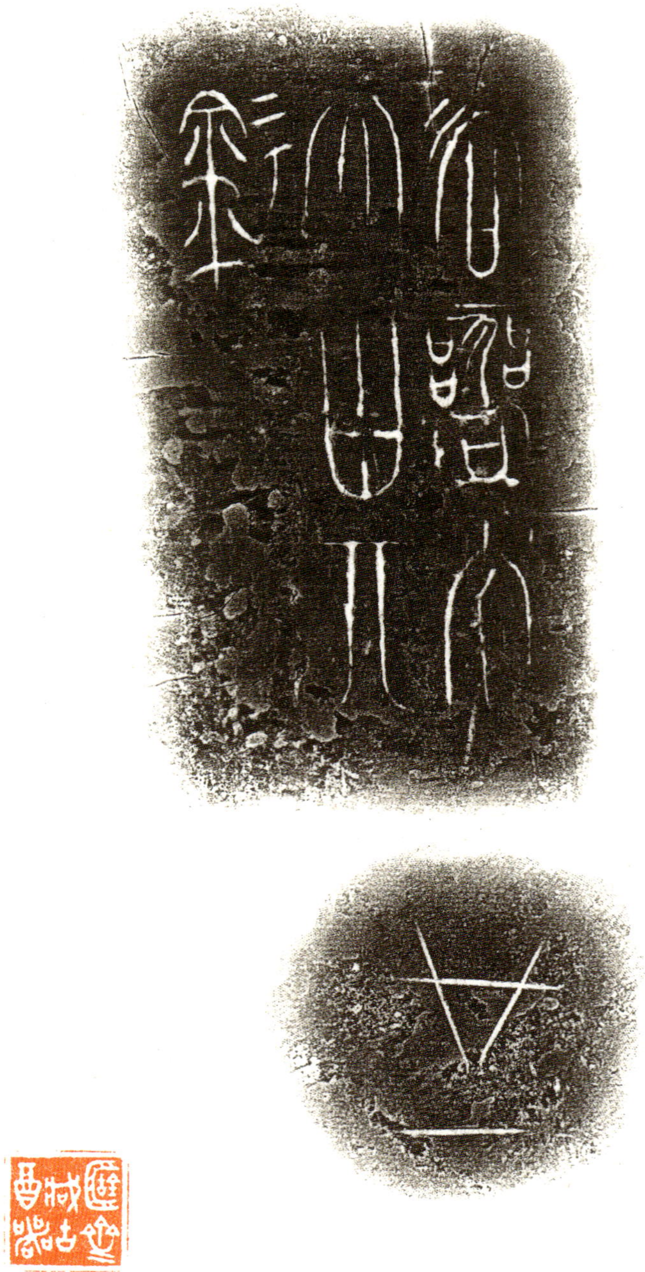

一九六

谷罍器皿 01027.4.24

戰國

銘文字數：九

《集成》著録編號：一〇五七九

釋文

谷罍（器）不

而由其

欽

廿一

院藏信息

文字拓，登録號01027.4.24，一頁，鈐印：簠齋藏古酒器

文字拓，登録號00971.2.24（谷）、00971.3.32（廿一），二頁，鈐印：簠齋藏古酒器（00971.2.24）、簠齋藏三代器（00971.3.32）

文字拓，登録號440238.4.16，一頁

全形拓，登録號00995.2.15，一開

附録

欽罍

七字，下又有廿一字，是後刻紀數字。字奇，多不可識，以末一字名之。罍之器見於閻皇父毁，而齊侯罍文中則名鉼，器文中亦未見罍字名者，姑名之以俟考。器亦不甚似酒器。關中寄。

參見《簠齋金文題識》頁三九

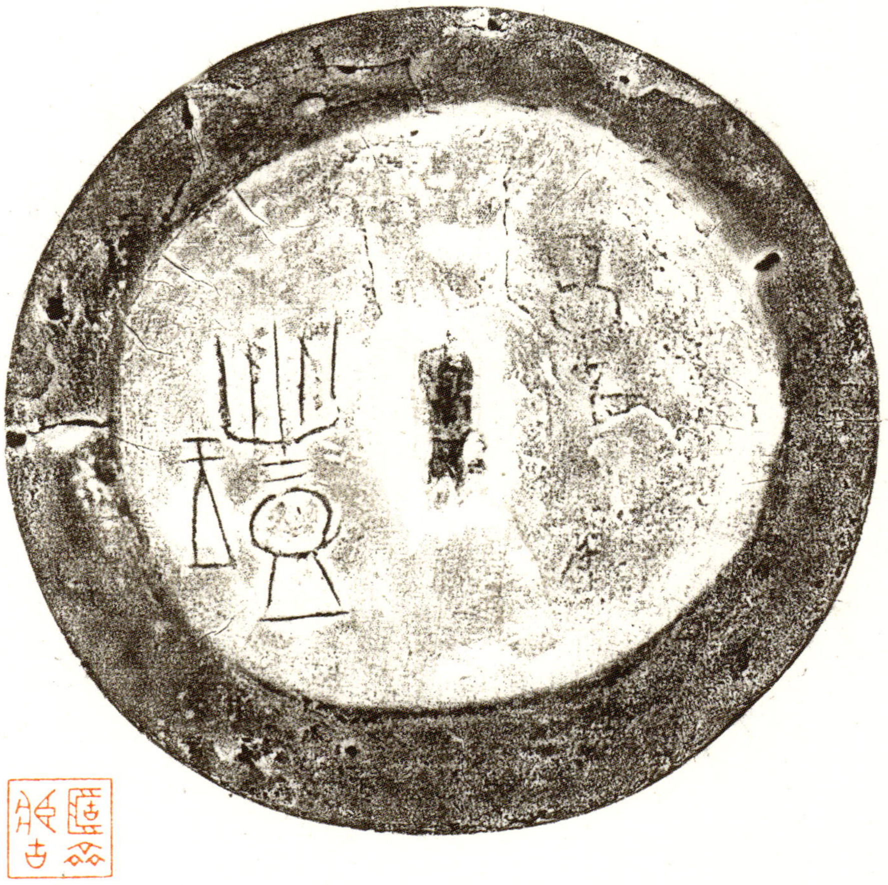

一九七

豐王銅泡

01027.4.59

西周早期

銘文字數：二（又重文二）

《集成》著録編號：一一八四八

釋文

豐王　豐王

院藏信息

文字拓，登録號01027.4.59，一頁，鈐印：簠齋藏古

文字拓，登録號00971.1.62，一頁，鈐印：簠齋藏古

附録

豐字銅器

二字。

金鋪之屬，古銅虎首銜環是。

曰豐公，自是周先公廟中之器，如公劉之稱。

豐字之右半，云似公者，李星甫精拓。

審之仍是倒[illegible]字，有泐，又有畫似△，或是[illegible]字之半。記此以訂舊説。

參見《簠齋金文題識》頁九四至九五

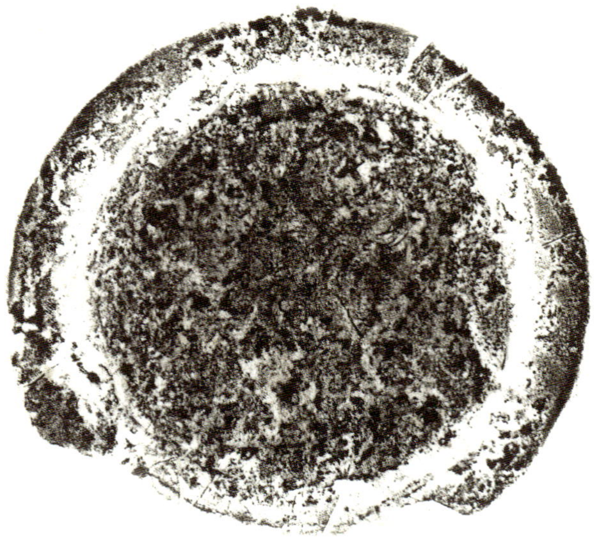

一九八

豐銅泡

01027.4.11

西周早期

銘文字數：一

《集成》著録編號：一一八四六

釋文

豐

院藏信息

文字拓，登録號01027.4.11，一頁，鈐印：簠齋藏古

文字拓，登録號00971.1.63，一頁，鈐印：簠齋藏古

附録

豐字銅器

一字。

又一小者，制同而無鼻，作⊗，×可以繫，其用亦猶鼻也。

字在内，爲×所隔，不易拓。

畘毁豐作豊，與此同，此是周初器矣。

豊即豐，鎬豐宫所用器歟？

參見《簠齋金文題識》頁九五

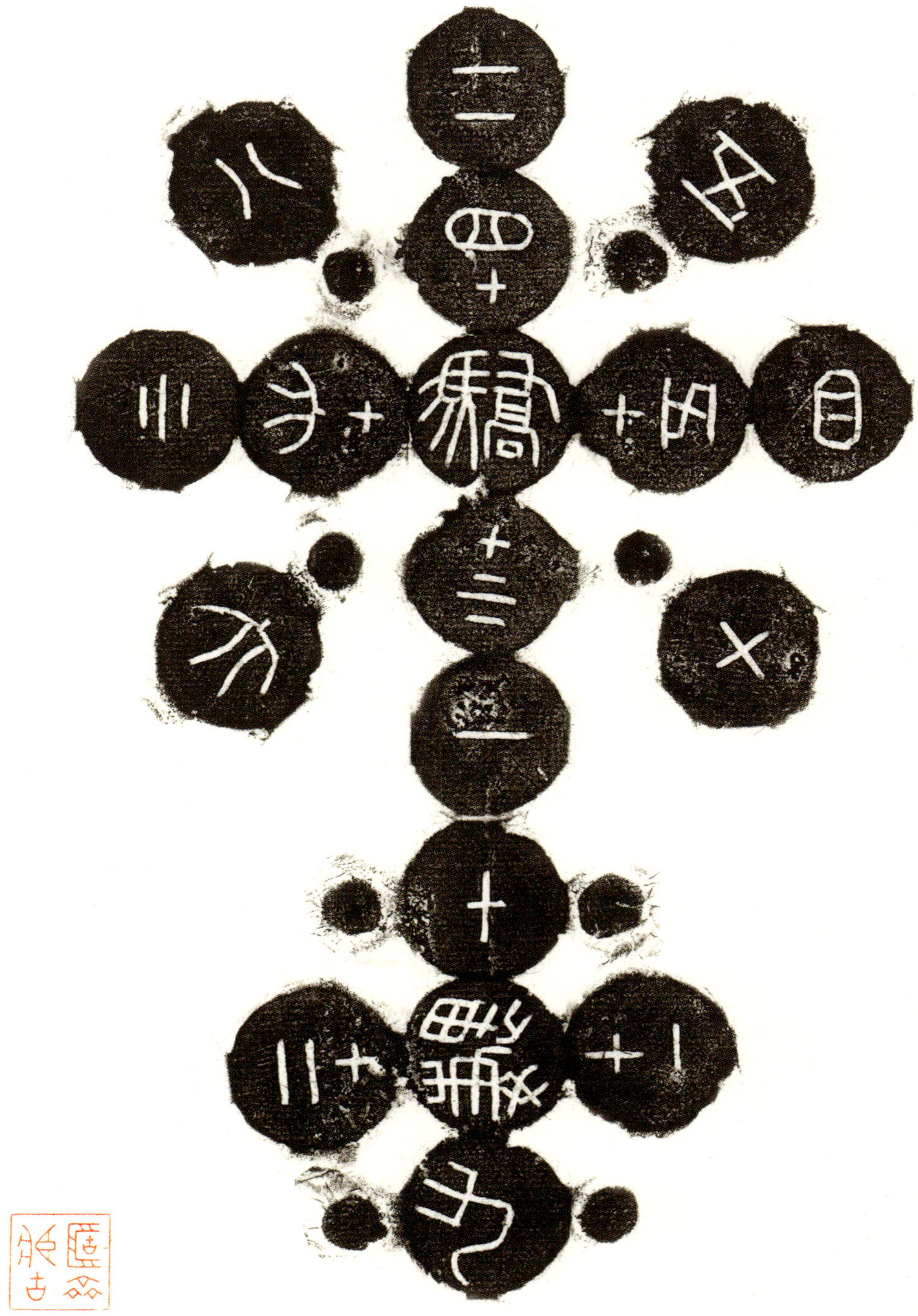

一九九

周末古博具銅鞻鞠　01027.4.60

院藏信息

文字拓，登録號01027.4.60，一頁，鈐印：簠齋藏古

附録

周末古博具銅鞻鞠

《漢書·枚乘傳》狗馬蹴鞠刻鏤，刻鏤是否屬上，此銅而鏤，姑名之。

器圓，中空含丸，以十八鉼連綴鑄成。刻字於鉼，正上作騎字，作四十，作二，作九，至正下，作鞻，二字字横。向右下作十三，作一丿，作ナ，至正下。左作十六，作三，作十二，右作十五，作四，作十一，至正下。二四夾五，四一夾十，一三夾六，三二夾八，其數十六，重十衍七。騎鞻之外，各間四乳。字似小篆，六八九十則近古，五有隸意，戰國與？秦與？博具無疑，不能詳其用矣。《史記·蘇秦列傳》六博蹋鞠者。劉向《别録》曰：蹴鞠者，傳言黄帝所作，或曰起戰國之時。蹋鞠，兵執也，所以陳武士，知有才也，皆因嬉戲而講練之。

《漢書·藝文志》蹵鞠二十五篇，注：鞠以韋爲之，實以物。《三蒼》鞠，毛丸。《封氏見聞記》打毬，古之蹴鞠也。

參見《簠齋金文題識》頁九七至九八

附録

陳進藏《十鐘山房藏古目》

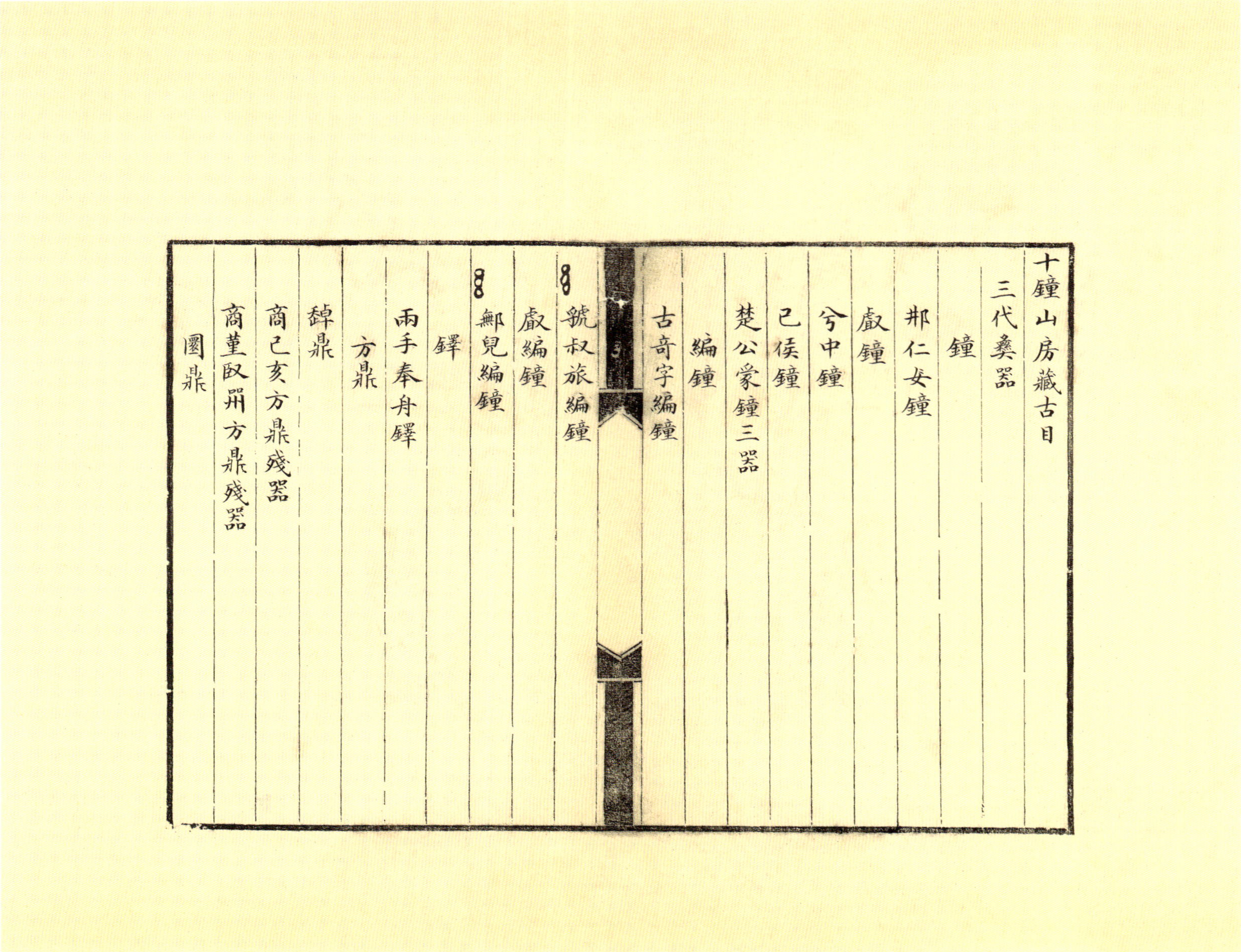
十鐘山房藏古目
三代彝器
鐘
邿仁女鐘
𠭯鐘
兮中鐘
己侯鐘
楚公豪鐘三器
編鐘
古奇字編鐘
虢叔旅編鐘
𠭯編鐘
鄦兒編鐘
鐸
兩手奉舟鐸
方鼎
𩠹鼎
商己亥方鼎殘器
商堇臤𦉢方鼎殘器
圜鼎

周毛公厝鼎
周器侯馭方鼎
商天君鼎
商鼎字鼎
堇伯鼎
伯魚鼎
杞伯敏父鼎
陳侯鼎
犀伯魚父鼎
鄭君毀鼎

甚鼎
袁鼎
子鼎
伯鼎
旁肇鼎
犛鼎
𦎫姝鼎
商字鼎蓋
梁上官鼎
犧尊

亞中此犧尊
玊犧尊蓋
尊
䚡尊
囲文旁尊
傳尊
應公尊
員父尊
魚尊
子祖辛足跡形尊

總雨角形子父己尊
卣
效卣
盠仲狂卣器
伯睘卣
豚卣器
矢伯雞父卣
析子孫父乙卣
罝父辛祖己卣
析子孫父丁卣

觥
敂闗觥
爵
盂爵
䖒爵
祖辛爵
癸叜爵
二龍奉中父癸爵
兩手奉中爵
父己析子孫爵
父戊舟爵二器
子在褓子執干形爵
立瞿中毌爵
子壬乙辛爵
曲祖癸爵
祖乙爵
祖辛爵
山丁爵
子丁爵
丁舉爵

作乙公爵
手執節手執中爵
㞢父戊爵
子孫爵
父甲爵
子毌父乙爵
𠑹作父乙爵
旂單父丙爵
魚父丙爵
㝈父丁爵
子八父丁爵
父丁舉爵
父丁爵三器
𡈼父戊爵
舉父己爵
子負主父庚爵
酉父辛爵
乇父辛爵
二足蹈矩父癸爵
子提卣父癸爵

手執爵形父癸爵
雙爵形父癸爵
爵形父癸爵
爵集木父癸爵
饕餮爵三器
鶵爵
魚爵
舉爵三器
子爵
妝爵
四耳敦
聃敦器
敦
頌敦蓋
君夫敦蓋
圅皇父敦
眔敦
師害敦二器
豐兮尸敦
小子師敦器

三

商祖庚乃孫敦器
格伯敦
城虢遣生作敦器
妵句母敦器
伯開敦殘器
己侯敦
秠𣅀敦器
伯喬父敦器
中敦器
㑹父乙卯敦器
伯魚敦
伯魚敦殘器
商㪅父癸敦
商子戍敦器
商癸山敦器
商廟形重屋敦器
雙鳳集木敦器
鐘附即敦
陳侯因脊敦器
盤

久

十

夏饕餮盤 光拓
兮田盤 有手錄釋文題字
齊太僕歸父盤殘器 多手題
中盤 手題釋文 𣡕拓
商𠭴虎盤 多題
陵子盤 多手題
𦅫父盤
匜
商𠭴虎匜 多手題
陳子子匜 多手題
王𣪘眞孟姜匜
𠱷皇父匜
周窒匜 多題字
黃中匜
穌甫人匜 多手題
𨱑
齊太公子和子𨱑
陳猶𨱑 多題字 二區多手釋
鋘
齊左關鋘

鬲
艾伯鬲
鄭燕伯鬲
郳伯鬲
簠
曾伯𩃟簠
鄦子𣄨簠
鄀公諴簠
虢叔簠
簋
遲簋
甗
龔妊甗殘器
伯貞甗殘器
盉
商立瞿子執干形盉
商父辛盉蓋
和 附
史孔和器
鎣

右里鋻二器
鐱
王元詛鐱
高揚四鐱
叔尨鐱
古金銀錯十二字鐱拊環
干首
五字干首
㚇干首
瞿
夏㣺瞿
商瞿鉞形瞿
商蚩𠤎瞿
商虎文立刀瞿
戈
商梁伯戈
商奇字龍首戈
二年羣子戈
卅二年戈
四年邗戈柲

十八年戈柲
大嚣戈
秦子戈
宋元公戈
歐王戈
歐王戈柲三器
㕣㞪造戈金=化戈
平陽高龞里戟戈
高密造戈
羊子戈
命趙將口耆戈柲
𤔲𠂤歸戈
作澧右戈
封斤徒戈
䔲戠口戈
子𡢃子造戈
長畫戈
周右軍戈柲
鄭武軍殘戈柲
陳

陳麗子穴造銭戈
徭止八字戈
陳右造銭戈
平阿右戈
平陸左戈
陳豢邑戈
子散子戟
皇邑左戈
右濯作戈
侣瘨戈
右卯戈
薫芋戈
白新戈柲
臬戈
卓戈
陳簸戈
吾宜戈
龍文古戈
雷文古戈

矛

帝降矛二
敺王矛三
𠩄八川右矛二
武般矛

鐏

右午義鐏

銅器

豐字銅器二
周金鋪
周距末

秦器

權

秦始皇詔銅版銕權

權版

秦始皇詔銕權銅版
秦始皇詔二世詔銕權銅版

量

秦始皇詔二世詔銅量

量版

秦始皇詔木量銅版

秦二世詔木量殘銅版
秦二世詔木量銅版三
度版
秦始皇詔殘銅版
瓦量
秦始皇詔瓦量二十五
戈
秦不韋詔事戈
矛
高奴矛

漢器
鼎
雲陽鼎
犛車宮鼎
美陽共厨金鼎
杜共鼎蓋
上林鼎
乘輿十湅銅鼎
臨菑鼎
廢丘鼎蓋

菑川金鼎
陽周倉金鼎
安成家銅鼎
鍑
□□鼎
漁陽郡孝文廟銅甗鍑
鐳
漁孝廟鐳
鍾
新莽中尚方鍾
東漢陳彤鍾
扶侯鍾
鍪
十六年鍪
熏鑪
陽泉使者舍熏鑪
鴈足鐙
綏和銅鴈足鐙
高鐙
萬歲宮鐙

臨虞宮鐙
步高宮鐙
燭豆
土軍侯燭豆
錠
曲成家銅錠
行鐙
桂宮前浴行鐙
池陽宮行鐙
開封行鐙
日上鐙
行鐙鋬
未央宮尚浴府乘輿行燭鋬
飯幘
新莽常樂衛士飯幘
壺
富貴壺
金刀
膠東食官金刀
銅器

尚方故治八千万銅器
完字銅器
千金氏銅器
大者千萬家銅器二
權
新莽建八兩圜權
長宜子孫小權
車銅
前右上廣車銅
在廜下車銅
大吉利車銅二
蓧調
青陽畢少郎蓧調
刀圭
大郭刀圭
洗
董氏器洗
董氏作洗
吉羊洗
吉羊殘洗

嚴氏造吉羊形洗

吉羊富貴洗字

陳富貴昌洗字 雙魚

富貴昌宜刀雙魚洗

富貴昌宜侯王洗字

君宜子孫也雙魚洗

君宜子孫雙魚洗 二

長宜子孫雙魚洗

又一 文同字異

大吉羊雙魚洗

匜

晋太康匜

銅牌

西夏銅牌

弩鐖

永元六年十万工造四石鐖郭

元初二年賁遣口八石鐖郭

元初二年残鐖郭

永和二年五月書言府四石鐖

永壽二年正月己卯詔書四石鐖

京兆官弩弩牙

太僕鐖

河内工官弟六十十二兩鐖

河内工官百八口三口鐖鍵

河内工官十六百廿六兩鐖

河内工官二千九十兩鐖

南陽工官鐖 二

館陶郭小鐖

河東馮久鐖

河東李游鐖

大吉弩

魏正始二年左尚方鐖

正始五年十二月廿日左尚方造步弩鐖郭

何氏小鐖

邵贇陳宗鐖郭

遲秀調祝元鉏弩牙